列侠

元　一和会副会長兼理事長
元　三代目山口組組長代行補佐　加茂

加茂田重政

彩図社

まえがき

山口組が割れて、マスコミでは山一抗争とよく比較されているようや。山口組が割れる前の話だけども、加茂田の名前を使わせてくれ、とかいう話が家族にあったようや。五代目に追い出される形となった竹中組が復活した話などは別にして、あれは基本的には山口組が六代目になって追い出された組を復活させとる。けれどもうちは一和会として割って出とるし、一和会として出た組を復活させよう、というのは六代目側も神戸側もやってないから、ちょっと話は違うけどな。

とにかく、加茂田の名跡を復活して、加茂田の、おそらく一門を呼び寄せよう、いう話が前にあったのは確かや。けれども、それをいまさらしてもしゃあない。息子らは堅気としてしっかりやっとるし、利用はされとうない。なによりも加茂田組はわしの組であって、誰も継ぐことなんかできん。

しかし、山一抗争の頃の親分衆は、だいぶ亡うなっとる。竹中(正久・四代目山口組組長、竹中組組長)も渡辺(芳則・五代目山口組組長、二代目山健組組長)も、中西(一男・五代目山口組最高顧問、中西組組長）も宅見（勝・五代目山口組若頭、宅見組組長）も岸本（才三・六代目山口組最高顧問、岸本組組長）も、みんな死んでもうた。

田岡の親分（田岡一雄・三代目山口組組長）やわさび会の米田（義明・わさび会会長、後に実業家に転じる）は言うまでもない。竹中らとは最後喧嘩することになったが、もう今は昔、というやつや。もって瞑すべしや。地道の若頭（地道行雄・三代目山口組若頭、地道組組長）も、山健（山本健一・三代目山口組若頭、山健組組長）も、菅谷（政雄・三代目山口組若頭補佐、菅谷組組長）も、一和会ならば山広（山本広・一和会会長、三代目山口組組長代行、山広組組長）も、佐々木（道雄・一和会幹事長、三代目山口組若中、佐々木組組長）も、白神（英雄・一和会常任顧問、三代目山口組若頭補佐、白神組組長）も溝橋（正夫・一和会常任顧問、三代目山口組若頭補佐、溝橋組組長）も、みんなそうや。わしの組では山下（実・加茂田組若頭）や飯田（時雄・加茂田組若頭、飯田組組長）は当然としてな、ほんまにいろんな人間や。田岡の親分から盃をもらった人間でも、もう亡うなっとるのが多いし、冥福を祈る人間を挙げていくとなると、もうきりがないな。わしはほんとうにみんなの冥福を祈っとる。

もっとも、わしも生き残ったとはいえ、体のほうはなかなかしんどいこともあった。二年ぐらい前に一回家で倒れて、腸に菌が入ったもんやから、入院して救急に入った、なんてこともあった。もっとも、それはリハビリをしてだいぶ歩けるようになって、わしの回復力には先生も驚いとった。「すごい体力ですね、ふつうはこのまま寝たきりになるんですよ」と言うてたらしい。その時はずっと寒い中で倒れてたんで、筋肉が壊死した状態になってたらしい。半身全部がね。そこから回復した、というわけや。

元加茂田の者たちが、わしがひとりでいるときに小遣いを持ってきてくれたり、盆と正月にはいろいろしてくれる。わしのまわりに残ってくれた者たちは、わしのことをちゃんと考えてくれて、現役時代と変わらずに付きおうてくれる。もう親分子分・盃の兄弟やないけどな。ありがたいことや。

これから極道の世界がどうなるかはわしにはようわからん。暴対法やら暴排条例やら、いろいろあるやろ。

そん中で極道がメシ食うていくいうのはしんどくなるやろ。わしらの時代とはぜんぜん違っているのはわかる。

でもな、昔、加茂田重政という、一人の男がおった、極道でな、こんなことをしとった、というのが極道だけやなくて、世の中の方々に知ってもらえれば幸いや。ほんまに、いろんなことがあったんは確かなことや。いろいろ好き勝手書かれているというのもあるようやが、わしが本当のことを話しておかんとな。

わしの生きざまはひとことで言うと、加茂田組のときの「男になりたい、男でありたい、男で死にたい」という言葉のまま生きてきたつもりや。それで本を出して、生きざまを記録しとくのもええやろ。

列侠——目次

第二章 「加茂田軍団」の進撃

九州・宮崎県侵攻作戦の顚末　88

第三章　懲役と組織の拡大

第四章 山一抗争と加茂田組

第七章

加茂田という「家族」、そして侠

第一章

少年時代、戦争、愚連隊

【当時の世相——戦争の拡大と敗戦】

加茂田重政は昭和五（一九三〇）年七月六日、神戸市に生まれた。父は加茂田松太郎、山口登・二代目山口組組長から盃をもらった若衆であった。

生来のガキ大将として番町の子どもたちにも恐れられていた加茂田重政だが、その成長と満州事変から日中戦争へと繫がる戦雲の拡大は軌を一にしていた。そして、太平洋戦争の末期、重政自身が戦争に巻き込まれてゆくこととなる。神戸市立若松国民学校高等科を卒業した重政は、輸送船のコックとして従軍することとなったのだ。

加茂田重政はこの従軍時に戦傷をこうむった。この傷が後々思わぬ形で彼の身体に影響を与えることとなるが、それはのちの話である。

番町の少年時代

わしが生まれたのは昭和五年。終戦のときに十五歳やから、典型的な戦中派や。

加茂田姓の発祥は、どうやら姫路のようや。姫路のほうに行くと加茂田、という名字の人がちらほらおる。わしの場合は、四代くらい前の先祖が姫路のほうから丁稚奉公に神戸まで来て、それで長田に住むことになったみたいやな。しかし我ながら珍しい名前や、他にそうはいないっていうしな。鳥の鴨で鴨田はおるけど、加茂田はそうはおらん。なかなか重みもあって、ええ名前なんやろな。

わしが生まれ育った（神戸市長田区の）番町は、十代の頃など、ようけ不良がおった。その中でわしは、自分の子分を引き連れて暴れまわるような、不良少年をしとった。子分らは十四〜十五人おったと思う。肩の刺青は、片方はその頃入れたんかな。わしが肩に刺青入れたのは十五か十六歳かな。昔の写真を改めて見たら、まだ左だけしかないんやな。で、十八か二十歳ぐらいの写真を見たら右にも入っとるから、その頃にもう一個入れたんやろ。指のところに入っとるこの指輪みたいな刺青は、昔から不良の証と言われとるが、いつ入れたの

左肩のみに刺青が入っていた頃。

か、子どもの頃なのは当然やが、時期は憶えとらん。

わしは、まわりのもんからしたら、ちっちゃいときから怖かった人間らしい。番町におる、いま八十歳ぐらいの人間がわしのことを「怖かったで。顔を見たら殴られるわ」言うとるからな。

学校のほうは、なんぼも行ってない。その頃は、バスの後ろに立って棒を振り回したりしとるようなガキ大将やったんや。国民学校の頃も、愚連隊みたいに下の者を連れて歩いて、歩いてはまた喧嘩して。そんな少年時代やった。男に生まれて、男として生きるのが夢、というような。

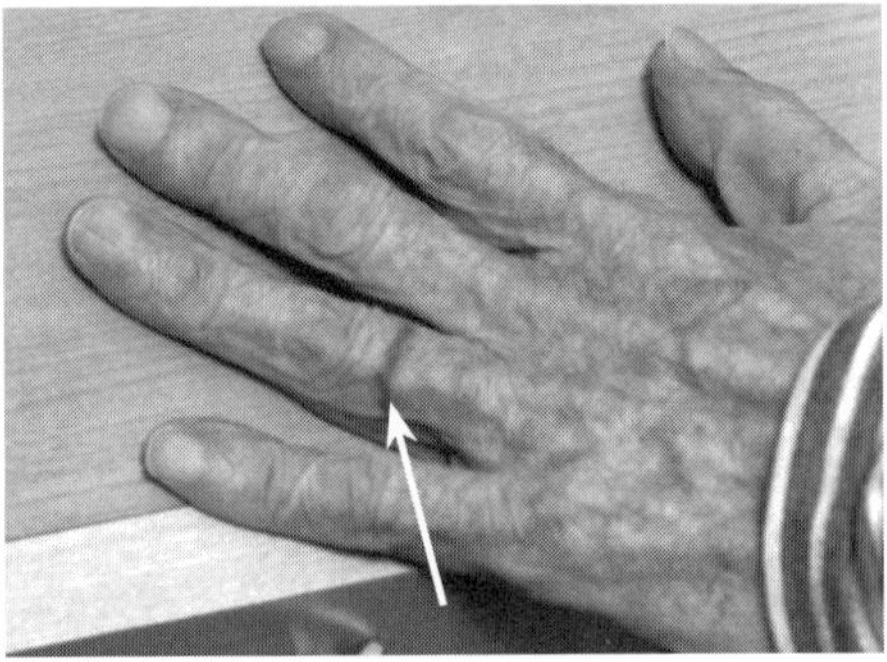
左薬指に入る不良少年の証。

グレたきっかけは、やっぱり環境やな。親父の加茂田松太郎も極道やったし、まわりも荒くれたもんが多い環境やったから。長田も、いまでこそきれいな町やけど、たとえば戦後すぐなどは闇市で商いするもんや、愚連隊やらおって、それらが結束してるような町やったしな。そして、長田の中でも番町は特にそういう結束が強い町や。

番町は外からの人は、あんまり受け入れない。警察も番町には迂闊《うかつ》に手を出せない。警官に追っかけられても番町に入り込めば大丈夫だとか、そういった話もあるような町や。みんなで助け合うじゃないけどな、仲間意識というかようまとまっとる町やった。で、男はそこで頑張って、みとめられたくて突っ張る。そやから喧嘩ばっかしやわ。やかましくて、勝った負けたの緊張感もあって。そういうところやが、活気があって愉しかったな、いま思い出してみると。

当時の番町の町並みといえば、ほとんどがバラック小屋みたいな感じじゃや。社会的には底辺。崩れそうな家ばっかりがあった。

いまきれいになってるのは地震の影響（復興）もあるけど、その前から古いところは全部立ち退きになって整備されてきてたし、それから地震があってまた整備されてるんで、昔の感じはもう全然ない。町の昔を知るもんとしては、やっぱりちょっと寂しいな。

家族模様

わしの親父は二代目山口組（山口登組長）の若衆やった。親父は極道ではあるが、性格はおとなしかったほうや。年取ってからは、わしの子どもらにも優しかった。極道としても優しい人間やったで。自分の親父をあんまりほめるのもなんやが、堅気の評判もよかったしな。

親父は刺青は入ってたけれども、わしらが生まれたときには県の仕事をしててな。県の土木関係というんかな。そこで監督をしとった。それからやめて、博打ばっかりしとった。博打と釣りが好きやった。

親父が優しい人間だったからというわけでもないけど、母親はちょっとキツい人やった。キツいけど、しっかりしとってやり手やったな。商売しとった、というわけではないんやが、カネの工面は母親がなんとかしとった。親父は優しいけれども、カネのほうは博打好きのおかげで持ち出しが多すぎたんや。だから、家の暮らしは母親のおかげでなんとかする、という感じや。母親が安定所かどっか行って。母親は年いってからは、わしの住んでいた家の裏側に土地を買うて、そこで暮らしてた。

家族仲は良かったよ。親子、兄弟姉妹みんな。弟もわしとおなじく極道になっとる。親子の関係も、わしは結婚してから、母親と一緒に住んどったし、初めは妹二人とも同居してた。

妹は歳が離れとるし、ほんまに普通の人やからわしの稼業のことはあまり知らんとちゃうか。その代わり大きくなっても、誕生会なんかは「兄妹やから」いうことで呼んだりしとった。あれは昭和十九年に生まれて、百日ぐらいかな。親父が仕事場に行ってたときに、空襲があった。近所の人が、「中に赤ちゃんがおる」言うて、それが妹やった。そのときうちの母親は、上の子を連れて出とるんや。それで戻ってきた親父が火事の中に入ったら、火の粉がぎょうさん出とって、もう死んだと思ったらしい。そしたら妹がそこでニコッと笑ったというんや。笑ったおかげで連れて出されたらしい。そういうことで妹はいまも生きとる。

肉親の仲がええのは、それも番町という町の雰囲気やろうな。みんな助け合って、お互いを尊重しとった。ええ時代やった。

実父の加茂田松太郎（二代目山口組若衆）。

あと、わしには養子に出された兄弟がおる。

加茂田組の本部長やった前田組の前田登は、わしの実の弟や。あれは小さい頃に姫路の前田という家に養子に行ったんや。そこは堅気の家やったんやが、本人は加茂田の兄弟らしくイケイケでな。そりゃあ、わしや、副組長やった弟

実弟の加茂田勲武（一和会常任理事、加茂田組副組長、政勇会会長）。

の加茂田勲武（一和会常任理事、加茂田組副組長、政勇会会長）やら、いとこの加茂田俊治（一和会理事長補佐、三代目山口組若中、神竜会会長）やらが極道の世界に入ったとなれば、前田登もその気になるやろ。で、姫路で前田組を構えた。どこが相手でも引かない組やった。前田登は飯田（時雄・加茂田組若頭、飯田組組長）と仲が良かった。

前田登に繋がる縁の者がおって、名前は前田利春やった。若くして死んだけど、惜しい男の一人やな。直系で、大きい葬儀をしてかなりの人間が参列しよった。

加茂田重政と太平洋戦争

番町の子ども時代にはええ記憶があるけど、戦争は違う。その頃の記録とかも……ないな。空襲でぜんぶ燃えたんと違うか。

戦争のことについては、子どもらは「少なくとも、戦争行ったことくらいは国に認めてもらったらええ、国に届けたほうがええ」て言うけれども、わしはそれも気が進まん。戦争のときは、まだ刺青は入ってない。わしが戦争行ったの、十四歳ぐらいやしな。少年兵で、輸送船のコックやった。乗ってたのはたしか藤王丸いうたかな。この船は須磨沖で沈没した。そのときはなにが起こったのか、正直言うてわからんかった。わしらは一番下（船底）におって、その中で助かったのはわし一人や。みんな沈む船から海に飛び込んで逃げたけど、生き残ったのは三、四人やった。戦後になって、訪ねて来てくれた人がひとりおった。その人の話で、魚雷で船がやられたとわかった。

意識をなくしたまま助けられて、気がついたのは中山病院いうたかな。ずっと気を失っておって、目が覚めたら病院やった。一年ぐらい入院しとったかな。そのときの火傷が残って、成人してからもずっと、大きな絆創膏を手首のとこに貼っとった。

戦中の古傷に片脚切断の真相が

左脚を切断する原因になった火傷も、そのときのことや。脚にも火傷の痕がずっと残っとったが、べつに、痕が残っとっただけやから、普通に暮らすのに支障はなかった。皮膚はただれとったが。でも年取ってから、医者が「火傷の痕が皮膚ガンになる」言う

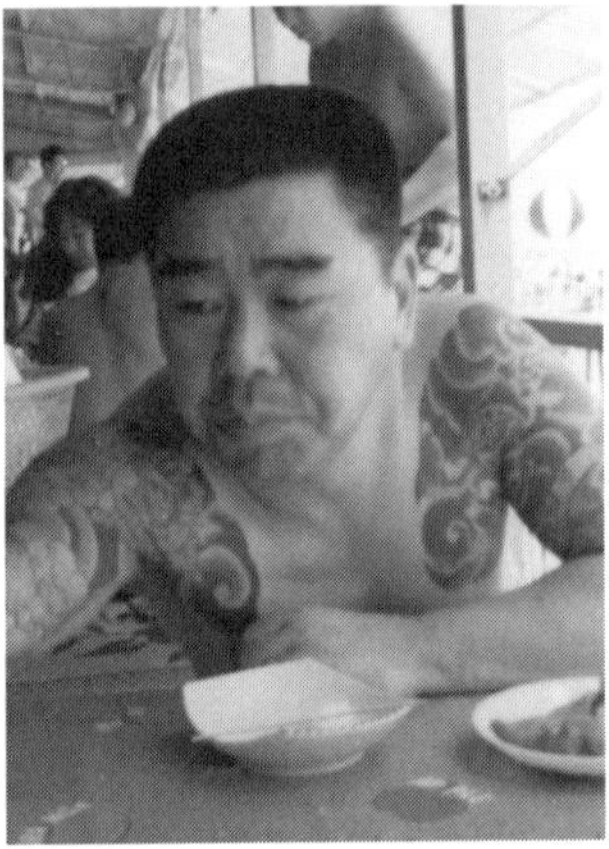

後年の姿。十代のころと違い両腕に刺青が入っている。

て切断したんや。切断の手術のときは半身麻酔やったから意識はあったし、わしは手術中に医者に指図してやったよ。わしはなんせ昔から勝気やからな。

みんな、実は知らないんやな、わしが左脚を切った理由も。わしとこの人間が、古い山口組の人間からも「糖尿で脚切って大丈夫か？」って訊かれてたいうしな。「違うんや、糖尿やなくて皮膚ガンやから」と、そう応えると「そうか、それはたいへんやったな。ずっと糖尿か思うててな、村田英雄なんかと同じかと思ってた」って言う。

しかし、船が沈められても助かったくらいやから、わしは泳ぎには自信がある。ずっとあとで、刑務所から十一年務めて帰ってきて、須磨の海に若い衆や子どもらも連れてみんなで行った。そのときに、わしは平泳ぎで沖のほうまで行ってな。嫁が「危ないから」って若い衆らと止めたんやけど、「大丈夫や、泳ぎは得意やから」と言うてね、背中に誰かを乗せて沖まで行ったりしたほどや。

戦争が終わったとき、わしがまず思ったのは、そのときはわしは入院してたから、終わってやれやれ、そう思うたな。もう逃げんでええからな、となあ。あとは、戦争が終わって、生き延びたという感じもあったけど、やっぱり、「これからはもうなんでもできるぞ」と思うたな。

【当時の世相——戦後の混乱と暴力】

昭和二十（一九四五）年八月十五日、未曾有の大戦争で焦土となった日本は敗戦国となった。しかしその日のうちに、復興への希望が人々のこころに燈《とも》った。

しかし、復興への道はいばらに満ちていた。統制経済は破綻し、人々は食や生活必需品を闇市に求め、市場や繁華街において混乱と暴力が激しくなっていったのもまた事実だ。

それまで秩序の頂点にあった陸軍憲兵隊が解体され、警察も武装解除された状態である。やがて人々は闇市の秩序を守るために、ヤクザ組織を頼った。警察すらも、山口組などヤクザ組織を頼りにしたのである。

やがて大規模なマーケットが作られ、ささやかな遊技場があらわれると、ヤクザだけでは治安が維持できなくなる。特攻隊崩れ、兵隊崩れの若者たちが愚連隊を結成し、街の秩序を維持することと引き換えに利権を手にしていくこととなったのだ。

敗戦後、新開地の愚連隊として

戦争が終わってからは、あちこち遊び歩いたりしとった。

それで、わさび会いう愚連隊の客分となって、用心棒みたいな感じでかわいがられとった。愚連隊やった時期は十五歳とか十六歳ぐらい。子分を何人も連れてな。わさび会の人数は、若い衆は五十人もおらんかったな。二十～三十人とかそんなもん。当時はな、そんな愚連隊がぎょうさんあったんや。

戦後すぐには、盗みで検挙されたこともある。盗みの相手は進駐軍な。米軍や。戦争に負けたし、神戸も進駐軍が来ててな、ずいぶんといろんなところが占領されとったで。港やら三宮やらな。聚楽館（新開地にあった劇場）も進駐軍の劇場になっとった時期もあったし、新開地の街もけっこうな広さで占領されとった。そういう頃の話や。

盗みいうのは、進駐軍の倉庫にこっそり入って、物資をいただくことや。食べ物やらなんやら、アメリカ製の上等なもんをな。でもな、ただのコソ泥とは違うで。そらいただいた物資は売りもんにもするけれども、一方で周りの人間に分けてもやった。やっぱり皆食うもんがのうて大変な時期やったし、助け合い、というやつや。そんなんで検挙されてもうたこともある。

愚連隊は、用心棒が稼業や。喧嘩とか揉め事を収めるんやな。まあ、喧嘩が商売の用心棒いうこっちゃ。場所は新開地でやっとった。新開地は、空襲でいっぺん焼けはしたけど、当時はすごく活気があって、いろんな遊びがあったから。いまは神戸といえば三宮やけど、新開地も昔は「東の浅草、西の新開地」いうて結構な盛り場やった。

聚楽館の下にビリヤードやのうて、スマートボールでもなしに、なんて言うんやろ、上から大きい玉が回って落ちてきて、番号のところに当たったらカネをもらえたりとか、そういうのがある遊技場の用心棒をしとったんや。それから三宮でもわさび会が持っとったパチンコ屋の用心棒みたいなことをやっとった。その頃は、まだ山口組やなかった。

パチンコ店の用心棒をする若き日の加茂田重政。

用心棒をしてた時期はね、やっぱりわしらが身体を張って街の治安を守るという気概やった。中にはせこいことをする者もおるし、玉が出た出ないで騒ぐ者もおる。ただし、キツくはやっとらんで。向こうが悪いと謝れば許してやる。「兄さん、ガラスを叩いたり、せこいことしたらあかんで」「おっさん、玉の出る出ないは時の運や。あんまし文句言わんと、明日また来て」という感じやわ。

あと、朝鮮人連盟との喧嘩とか、愚連隊同士の喧嘩とかはよう参加した。揉め事言うても、道具を使うほどのもんやないし、使うても知れとるわな。こっちは戦争を経験しとるから、少々の喧嘩はなんということもない。

そこでわしが身につけたのは、「ああ、やっぱし喧嘩が強ないと、世の中ではなにもできんのやな」ということや。いくら正しくても、喧嘩が弱かったら言うことも言われん、と。

だから、わしは喧嘩では絶対に負けなかったな。これは体力とか筋力とか、それから喧嘩の経験も必要やけど、それ以上に大切なのは、根性や負けん気持ち。気の持ちよう、というのは大事なものや。

わしが客分やったわさび会の米田（義明会長）いうのは、今で言う経済ヤクザの走りやったな。わし自身の愚連隊結成の経緯っていうのは、十四〜十五歳の頃から悪い連中が四方から集まってきた中で、言うたら喧嘩で一番の者が一番上に立つみたいな時代や。そこをわしが収めたんやな。わしにはそういう勝気なところもあったから、みんなを引っ張っていくようなこともできた。いつの間にか、そういう立場になっておったわ。

そこから先は、三代目山口組やな。

わさび会から三代目山口組へ

米田が引退するときに、わしは親父の松太郎の推薦で山口組の直系になった。その当時は田岡の親分（田岡一雄・三代目山口組組長）の若い衆では、わしが歳がいちばん若かった。二十六歳やった。

もともとは、田岡の親分が、長田にしっかりしたのが何人かほしいということで、松太郎が「わさび会におる重政を誘ったらどないやろか？」と言ったんやな。そのときはまだ、わし自身は田岡の親分のことは名前ぐらいしか知らんかった。

その頃にわし、喧嘩でケガしとるんや。刺されてな。わさび会を抜けてすぐちゃうかな。相手は十人以上おったんやないかな、雨降りのときで傘差してて、うしろから刺された。で、前向いたら前も刺された。

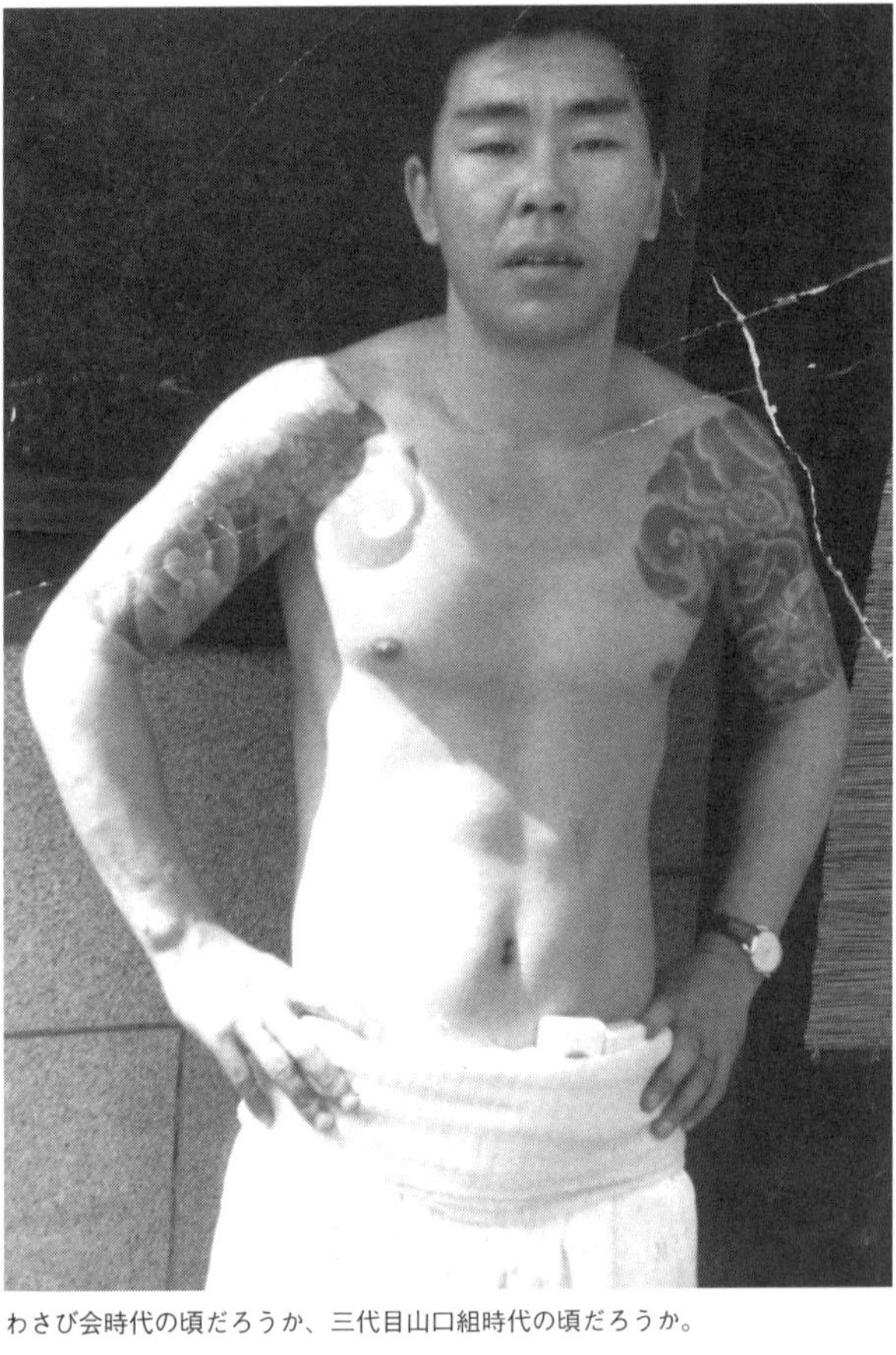

わさび会時代の頃だろうか、三代目山口組時代の頃だろうか。

大きく刺されたのは心臓のとこや。その辺と腹とか。雨の日やろ。パッと気づいたらドスが刺さっとった。わしも追いかけたけど、そっから力が抜けていって倒れたんかどうか、そっから記憶がないのや。いま考えたら、よう助かったと思うわ。輸送船のときも助かっとるし、わしは悪運が強いというか、何回も助かっとる。

山口組に入ったときは、当然やが、まだわしとこは少人数やった。明友会との抗争の頃で何十人というくらいや。最盛期は北海道にまで組員がおったけどな。明友会事件で服役して刑務所から出てきてから、組織が大きくなっていった。わしが十一年務めとるあいだに、北陸の川内組のシマを引き受けたりもしとるしな。組織が大きくなってからの詳しい話はあとでするけどな。

わさび会やっとって、「山口組に入らんか」と誘われたときは、「わさび会で愚連隊やっとるくらいなら、ちゃんと代紋を背負って組に入れ」と言われたが、それでも「嫌や」ってわしは言うて。組に入ったらいろいろと決まり事があるやろ、そないなもの要らんと。若い頃やから考え方が愚連隊や。だから初めは「嫌や」って言うたけど、しょうがなしに入った。

山口組に入った頃のわしの若い衆には、十七歳のときにわしから盃もらったというような者もたくさんおった。中には十四歳もおったかな。とにかく悪い若いのがたくさんおった。そういう連中がそこらにごろごろしとって、他の連中と喧嘩になってな。わし

山口組に加わった時期の若い衆。

も駆け寄って、ぜんぶ自分で喧嘩してまうような人間やった。若い連中には、まだ盃事の前から「飯食いに行くで」と誘ったりしとった。わしの連れなども集めて、みんなで一緒に飯食うて、飲みに行って。だから十万円持っとったらそれを、全部遣い切るまでやっとった。その当時の十万円や。

自分で言うのもなんやが、豪快なところがあったんやろ。みんなその当時は若い連中はカネもないし、わしに言われたら喜んで飯も行って、それでカネを全部遣うてなくなったら、次の日には、米田の弟に頼る。三宮のそごうの横に、パチンコ屋があったんやけど、そこの社長。そこに小遣いもらいに行って、その日にまた同じようにみんな連れてって、そういうことの繰り返しをしとった。

田岡一雄、そして三代目山口組幹部たち

わしが親分って呼ぶのは、世の中で田岡の親分だけや。米田でも呼んだことない。後にも先にもあの人だけや。わしは田岡の親分から盃をもらった人間や、というのはいまでもわしの誇りや。わしは人をそうほめんけど、田岡の親分は別格や。

田岡の親分の魅力？　なんと言うても義理堅いところやな。田岡の親分の存在は、わしにとっては「任俠道のほんまの親」や。田岡の親分が一番やな。

三代目山口組の人間で、大きかったのは、地道の若頭（地道行雄・三代目山口組若頭）や。地道の若頭の存在は本当に大きかったな。

地道の若頭はな、まだわしがわさび会やった頃、米田が山口組にさらわれてもうたことがあって、そんとき、わしが山口組と交渉したんやが、向こう側で交渉相手になったんが地道の若頭や。そこで知り合うて、目をかけられるようになった。それでようしてもろうた。

地道の若頭との話では、わしと地道の若頭で殴り合いをしたことがあるのも言うとかんとな。今でもよう憶えとるで。

わしも若い頃は腕っ節には自信があったし、当たり前やが元気だったもんで、話をつ

けるというたら一対一の殴り合いもしたもんやけども、理由は、若気の至りやが女をめぐっての殴り合いや。地道の若頭の女がキャバレーに勤めとってな。さすがというか、やっぱりええ女やった。で、ええ女がおるとなれば、わしとしてはまあ口説くもんやな。そこで、わしが「お前、ええ女やな」と言うと「私が誰の女か知っとんの?」ってなった。でもな、わしは「そんなん関係あらへん」と言うて、その女を連れ出してやってもうた。

あとでそれを知った地道の若頭が怒って、「お前、誰の女に手ぇ出しとんのや」と。しゃあないから、若い衆は外においといて、二人で殴り合いをしたんや。それでかえって仲良うなった。男の喧嘩はそうならんといかん。

わしが地道の若頭に感心したのは、同じ山口組やから、「若い衆は喧嘩に入れるな」て言うたことや。なるほどなと思うた。「若い衆入れると、ややこしうなる」と。女巡っての喧嘩で若いのを入れてこじれたら収拾がつかん。大体みっともないしな。そのあたりの分別がようついとる人やった。

女を巡って山口組の幹部が喧嘩して、で同じ山口組の組同士で喧嘩、なんて大きな話になったら目も当てられんわ。そういうことで、「なかなかしっかりしとるな、さすが兄貴分やな」て思うて、殴り合いしたわけや。

あとは菅谷（政雄・三代目山口組若頭補佐、菅谷組組長）な。ボンノと呼ばれとったのはみんな知っとるやろ。三宮では、ほんまに力があった。菅谷はもともとギャングで、田岡の親分と古くからの知り合いや。菅谷と田岡の親分は友情の繋がりみたいなもんや。わしも尊敬といえば尊敬はしとったが、わしの若い衆が菅谷組と喧嘩したこともあったし、菅谷はほんま愚連隊みたいなものの考え方が最後まで抜けんかった、とも思うで。

とはいえ、昔わしらがガキの時分では、三宮では田岡の親分よりも菅谷のほうが名が売れとったのも事実や。こう言うたらなんやけど、「田岡」と言うても「誰やそれ」という感じやったが、「ボンノ」て言うたらみんなが「おおー」と言いよったもんな。

あとは、尼崎の大平（一雄・三代目山口組若頭補佐兼本部長、大平組組長）もうるさい（喧嘩が強い）ヤクザやったな。

山本健一ら印象深い幹部

あとは印象に残ってる極道言うたら、そりゃ、山健（山本健一・三代目山口組若頭、山健組組長）やな。「日本一の子分」を自認してるだけあって、忠義の心も度胸もあったが、山健は背が低かったもんでな、それを言うたら、山健には、よう「チビって言うな」って言われたもんや。「マサよ、みんなの前ではチビチビ言うのはやめろ」と。誰にでもわし、言いたいこと言うからな。直系の兄弟でも、わしが口が悪いもんやから、よう言い合いになっとった。

もっとも、わしのほうは「直系になったのはこっちのほうが古いんやから」と、誰にでも遠慮はなかった。古さからして、わしのほうが上やってもええんやないかという意識もあったしな。

でも、山健は、わしが喧嘩した幹部ではやっぱり一番仲が良かった。山健は、わしが「こらー、ケーン!」と言うても問題のない関係や。だんだんと組も大きゅうなって、それぞれが親分の立場になっていくとな、あんまり正面切って、わしに「加茂田」とか「マサ」とか言ってくるのはいなくなってくるけれども、でも山健とは最後まで昔の関係のままやった。遠慮がない間柄ということや。

柳川次郎(三代目山口組若中、柳川組組長。柳川組は「殺しの軍団」と恐れられていた)も、刑務所で一緒になったこともあるな。

松本一美(三代目山口組舎弟頭、松本組組長)も仲良うしとった。三代目山口組七人衆と呼ばれたうちの一人や。

中井啓一(一和会最高顧問、三代目山口組舎弟、中井組組長)とも仲が良かった。益田佳於(三代目山口組若頭補佐、益田組組長)もな。竹中(正久・四代目山口組組長、竹中組組長)とも、もともとは仲良うしとった。竹中とは、一緒に飲みに行って、どっちがカネ払うか、でずっと喧嘩しとったこともあったな。

中野(太郎・中野会会長)も印象深い男や。仲良うしとったで。中野からは、山口組を絶縁になったときに電話があってな、そのときに中野が「親分、ちょっと来てもらえますか」って言うた。「わしはもうヤクザをやめとるのに行ったら、お前知らんで。狙われるで」って応えたら、「狙うもん、誰もおれへんですわ」と言うた。あれは根性が据わっとったわ。もともとわしは中野については「知らん、そんな下っ端」っていうくらいやった。でも、不動産がらみでいろいろあってな、そんときに中野はわしを立ててものを言うた。そういうところはちゃんとしとったんやな。で、わしもそれやったらということで話をするようになった。

あと、番町会という会が昭和五十年代にあった。番町会は三代目山口組の直系で作った親睦会で、番町出身の組長の集まりや。十何人かおったんやけど、わしはそれの会長になっとったんや。「番町の人間で独自の組織を作ろう」言うてな。もちろん会を勝手に作ることはできないから、本家行って、田岡の親分に言うて許可をもろうて作った会や。

その当時番町会に入っとった人間は、わしのほかに、中山美一（三代目山口組若頭補佐、中山組組長）、松本博幸（一和会理事長補佐、三代目山口組若中、二代目松本組組長）、溝橋正夫（一和会常任顧問、三代目山口組若頭補佐、溝橋組組長）、北山悟（一和会組織委員長、三代目山口組若中、北山組組長）、坂井奈良芳（一和会特別相談役、三代目山口組若中、坂井組組長）、大川覚（一和会特別相談役、三代目山口組若中、大川組組長）、中谷利明（三代目山口組若中、中谷組組長）（順不同）あたりやな。

ヶ城 NO 3
昭54年7月25日

田岡一雄・三代目山口組組長を中心に、直系とその側近。田岡組長の右隣には加茂田重政の義妹が座る。

一方で、わしは虫が好かんというか、嫌いな人間も多かった。

わしが山口組で廊下歩いとると、みんなが「兄弟、兄弟」て言うから、嫌いな人間には「わしがあんたの兄弟かい！」て怒鳴ったら、二度と寄ってこなくなった。「そういうことを言うな」と言われても、これは生まれついた性格やし、もう治らんな。山健とかに「兄弟」と言われても全然関係ないけど、ぽっと出の人間が「兄弟、兄弟」て呼んだら怒るわ。「お前誰や」と。みんなが田岡の親分の子やというても、「そんなんあるかい！」という態度やったな。

そりゃ嫌われるのは間違いないが、わしも好き嫌いははっきりしとった。嫌いな者には嫌われてもええし、好きな者に好かれればそれでええやないか。

やはり本家の親分が大事

もっとも、横の人間関係もしっかりあるけどな、やっぱりわしは田岡の親分のことを人一倍思うてたから、まずは親分が一番大事ということになる。

文子姐さん（田岡文子・三代目山口組組長夫人）にも、わしはようしてもろうたわ。（山口組の）本家行ったら、言いたいことを言うと、よく言われてたわ。口が黙っとらん。姐さんにも「このババア！」とか言うてもうて、「あんたは、もう来るな！」って言われてた。嫁からも、「お父さん、口が悪いから困るわ。本家の姐さんが『マサが来たらうるさい、うるさい』って言うとったわ」て言われたわ。

田岡の親分にも「マサが来たらすぐわかるわ、うるさいから」って、よう言われとった。でもまあ、遠慮がないから逆に気に入られたというか、田岡の親分にはよう可愛がってもろうた。

わしは姐さんのことも好きやった。こっちも言いたいこと言うけど、向こうもしっかりと返してくる性格の人やからね。姐さんは気風がええ人やったわ。

田岡の親分という人がどういう人かといえば、そら天皇陛下みたいなもんや。わしら極道にとっての天皇陛下や。やっぱり、前にも言うたが、わしにとってのただ一人の親分でもあるし、ほんまにありがたい、という気持ちでおった。

実際、御真影やないけどな、わしはいまでも田岡の親分の写真、（自宅の）ここに飾っとるやろ。

田岡の親分がやさしい人やったことも言うとかんとな。わしの娘が三つか四つのときに、わしの嫁と本家のほうに行ったときがあった。わしが刑務所に入っとるときや。そこに田岡の親分がおって、こう言われた。

「お父ちゃんおれへんから、寂しいやろ?」

そうしたら、娘が「うん」って応えたらしい。わしの娘は憶えてへんのやけども、嫁が憶えててな。そしたら田岡の親分は、こう言うたそうや。

「ごめんな、おっちゃんが悪いねんで。おっちゃんがお父ちゃん取ってもうたな」と。

「田岡の親分は『自分のせいで子どもから父親を離してすまない』と、そういう感情を持ってたんちゃうかな」と、嫁が言うとったのを娘が聞いとってな。子分の子どもに対してそういうことを言えるのが、田岡の親分の偉いところやな、と本当に思うわ。

他組織の親分衆との関係

山口組ではない極道との関係だと、たとえば東の総長（東清・初代東組総長）とは、盃はしとらんが兄弟づきあいしとった。わしの家にもよう来とった。山一抗争の頃でもな。

こんな話を憶えとるわ。東の総長が夜遅い時間に来てな。東の総長は息子を可愛がってくれて、「ぼん、でかくなったな、トランプでもしよか」とか言うて息子を構うてくれる人やった。これは息子も憶えとると言うとった。で、トランプやらなんやらしてたんやけども、夜中になっても帰らん。しかも東の総長がこんなことを言うんや。「兄弟、わしはもう寝るぞ」と。「なにアホなこと言うとる、もう帰れや、ええかげんに」と言うても帰らへん。で、さんざん「帰れ」言うたら、東の総長がこんなん言うて。「今度いつ来るかわからへんぞ、この喧嘩やし」と。でな、こう続けた。「わしが（加茂田家に）おるのに（山口組が）来たら、わしも行けるやないか山口組と喧嘩できるやないい、のう、兄弟」て笑いながら言うてたわ。東の総長がわしの家におるときに山口組が襲ってきたら、東組が山口組と喧嘩する大義名分ができる、と言うんやな。ほんまに喧嘩好きの極道やった。で、最後にこう言われたわ。「で、お粥さん、明日の朝炊いとってくれよ」てな。

　そんな話もあるくらいやから、わしは東の総長とはウマが合うた。本当に仲良かったな。だからわしが引退して、縁ある人間の葬式に出たときも、東の総長が入り口におって「兄弟、危ないで」「殺されてまうで」って言うて心配するんや。「山口組の人間も来とるから」と言うんやな。東の総長も心配するし、さすがにわしも迷ったが、東の総長が「わしも一緒に行くわ、ついて行ったる」言うんで、焼香も参列もした。とにかく、東の総長は肚が据わっとった。

　東の総長はうちの嫁が入院してた病院にも見舞いに来てくれた。わしと二人で集中治療室の前におったら、娘が「この方は誰？」と訊くから、「このオジンが東組の総長や」って紹介した。

　でもな、東組の総長という人間が、オジンとはそう言われんやろ。東の総長は、まったくなあ、という顔してな、「ほら、こんなことばっかり言うてんねん、怒ってやってや」

田岡一雄・三代目山口組組長と同組直系。
田岡一雄の両隣は山本健一（左）と山本広（右）。加茂田重政は撮影当時獄中にあり、代理として小野敏文（加茂田組舎弟、小野会会長）が出席（後列右から二人目）。

と娘に言うてたよ。もう好々爺でね、とても武闘派のヤクザには見えへんかったな。

稲川聖城会長（初代稲川会会長、のち同会総裁）は叔父貴にあたる筋や。わしは神戸に稲川会長が来たときなんかに、会長を出迎える役で「行ってこい」と言われてよう行かされた記憶がある。稲川会長は、見るからに風格があって、大親分という感じやわ。

あと、別の関東の若いけどしっかりしとる親分がおるんやけど、その親分は明石に舎弟がおってね。こっちに来たら絶対に挨拶に来る。わしに近い人間も「なんかあったらすぐ言うてくれ」と言われたらしい。今でもたまに電話して、「調子どないですか?」って訊いてくる。

第二章　「加茂田軍団」の進撃

【当時の世相――復興と戦後型暴力組織の勃興】

戦後の闇市および復興時の繁華街に、おびただしく増殖した愚連隊はしかし、組織を維持するうえで伝統的な文化に収斂されてゆく。すなわちヤクザ団体への入門である。巨大化して乱れがちな愚連隊を統制し、それを強固で盤石なものにしていくために、みずからヤクザの門を叩いたのだ。戦前からのヤクザ組織もまた、彼らの若い力を必要としていた。戦後ヤクザの発生である。江戸時代以来の任侠道の伝統を継承しながらも、中には実業家として起業する者など、二足のワラジを履く者も少なくなかった。これは田岡一雄・三代目山口組組長の「正業を持て」「バクチで身を持ち崩してはならない」という教えによるものだった。

加茂田重政もまた、みずからの一門とともに三代目山口組の門を叩くことになった。山口組を率いていたのは田岡一雄であり、当時の若頭は地道行雄であった。この山口組入りで、ヤクザの道へ本格的に進むこととなった。

先にも言うたけど、少年の頃に子分として引きつれて遊んどった人間らで加茂田会を作って、それはわさび会の時代から「加茂田会」やった。それがそのまま山口組の加茂田会となった。明友会事件のちょっと前まで加茂田会やった。傘差してて刺されたいうんも、加茂田会を作ってすぐの頃や。

当時の加茂田重政の若い衆たち。昭和三十年代の雰囲気がうかがえる。

名門大島組との抗争

実際に加茂田組になってからはじめの頃は、喧嘩をぎょうさんしてたな。そん中でも特に大きかった、三宮の飲み屋で起こった抗争事件は、昭和三十七年の六月や思うわ。そろそろ夏になる、という時期や。

あれは、うちの若い衆が、大嶋組（のちに大島組に改名）［※注1］の根津組といざこざになったんや。ラウンジ、キャバレーではのうて、なんていうかな、ダンスホールみたいなもんや、酒飲んでダンス踊ったりするところや。場所は三宮の北長狭通やったか、とにかくそのへんにあった店や。新聞なんかやと「酔族館」という店の名前が出とるが、実際はそれとは別の店。そこでいざこざになった。

向こうは八人もおったと思うわ。最初、わしらの組としては話し合いでかたをつけよう思ってたんや。ところが、これが話し合いで収まらなかった。こじれてしもうたんや。そうなって、実力行使や。「出てこい」言うて、こちらの組の若い衆が七人おって、そいつらが日本刀持って、出てきたやつをバッサリと斬りつけたねんな。やったうち、一人死んだのはわかっとる。あと七人は重体や。腕なくなったりして、そらもう重体やな。加茂田の人間は一人、若い衆がケガした、手と足を斬られてな。あとはほとんど無傷やった。

その翌日に、今度は根津組にトラックで殴り込みや。荷台に若い衆をぎょうさん乗せて、番町の自宅のほうに殴り込みかけたんや。そしたら警察が来てた。わしらと根津組で揉め事があったことは当然わかっとるから、警察が来とったわけ。

わしは警察とはようやらんことにしとったから、そこで手打ちを考えることにした。けど頭に血がのぼっとる若い衆たちは、警察ともやりおうてたな。それをなんとか止めて、番町から戻して解散させた。「きょうはもう終わりや、これ以上は無茶はすんな」と。

それから、わしが本家に行って、根津組の件で話し合うて、そこで手打ち。いま考えたら、初代の親やった老舗の組と喧嘩してるわけやろ。その当時は山口組の幹部も気にしてへんかったけど、いま考えれば、畏れ多いことをしたと思うわ。

［注1］元々山口組は大嶋組の枝の組織であったが、昭和四（一九二九）年、二代目山口登組長が破門されている。

三宮事件

明友会との抗争の前に、話しとかないかん事件があるな。これはわさび会に入ってた時期の話やが、大きな喧嘩になった三宮の事件や。三宮のパチンコの権利をめぐって喧嘩になった。なんでその事件にわしが関係しとるかというと、昭和三十一年かな、うちの神竜会と五島組［※注2］のあいだで、パチンコ屋の権利争いが起きたのが理由や。神竜会は、加茂田俊治の組や。

そんときは、「抗争や！」言うて、神竜会が五島組をカチ込みに行ったんや。行った連中にはチャカを持たせた。しかもカチ込みもタクシーで行くんじゃ目立つから言うて、市電に乗って行かせたんや。ところがやね、行った連中が途中でわしの家に帰ってきたんや。「なんで戻ってきたんか。やったんかい、われ？」って訊いたら「やってない」とか言いよる。どうやら、シャブ打っとったらしい。シャブ打って、ただふわっとなって帰ってきただけや。

道具も用意してやっとるのに、「いえ、行ってません」と言われて、わしも頭にきた。「このくそダボが、役に立たんやないか!」と怒鳴りつけるしかない。でも怒鳴っても、どないもならんわな。しゃあないから、わしが代わりに行ったんや。

このわさび会にいた時代の三宮事件は最高裁まで行ったんやけど、実は三年も四年も上がってこなかったんや。三宮事件の件をうやむやにして、書類がわからんようにしとったわけや[※注3]。そんなんしとったところで、次に明友会の事件が始まったやろ。大阪の明友会との抗争事件や。明友会との抗争が始まって、捕まって、はじめて三宮事件の書類が出てきたんや。明友会事件がなかったら、そのままわからんはずやった。それで七年と四年。あわせて十一年っちゅうことや。

結構な人数が懲役となった。昭和三十七年ごろやな、だいたいみな同じ事件や、三十七年から入っとる。同じ時期や。拘置所は一緒やけど、刑務所はあちこちや。

結局それで、娑婆には若い衆も、ほとんどおれへんようになったと思う。若頭になった山下実も懲役に行っとるわ。ほとんど主力部隊が持ってかれてもうた。その当時は極道はカネなんか持ってないし、保釈が出る人間もカネがないからちょっと外に出られへん。

で、そのままわしは十一年懲役に行って、ほかの事件で若い衆が塀の向こうに落っこって、わしを入れて七名行ったんや。三宮事件では一人、十二年懲役くらったのがおる。責任を背負って十二年や。あと五人は、指揮と現場に一緒に行ったということで、三年か四年くらい行ってることは確かや。その当時は人殺して五年ということやった。当時は刑が軽かったんや。

加茂田重政と従兄弟の加茂田俊治（左・一和会理事長補佐、三代目山口組若中、神竜会会長）。

［注2］五島組は神戸市に本拠を置いていた博徒系暴力団であり、大野福次郎が結成した神戸の名門老舗組織山丁五島組が前身。昭和二十八（一九五三）年（一説には昭和二十二〈一九四七〉年没）、大野福次郎が死去すると数派に分かれ、その後も分離・合併を繰り返した。組織の系譜を把握することが困難な団体である。

［注3］加茂田重政が懲役十一年となったことの説明。つまり金の力で書類を後回しにしていたが、この一件で過去の事件が表に出ることとなり、三宮事件、明友会事件と二つの事件で服役することとなった。

明友会との抗争——第一次大阪戦争

大阪のミナミのキャバレー開店祝いで、田岡の親分が恥かかされて、それから明友会と大きな喧嘩になった。あれは昭和三十五年の夏のことや。暑いさかりの真夏の抗争や。小林旭と松方弘樹が主演した『実録外伝 大阪電撃作戦』（中島貞夫監督・一九七六年東映、明友会事件をモデルにした映画）の中で、机を置いて、お前とお前はこう組め、どう組めっていう場面があるやろ。あれは本当や。ああいうことはしとった。わしが地道の若頭に「指揮をとれ」と言われたから、指揮をとって「三人一組で行け」ていう感じやな。

［加茂田組元幹部の証言］

あの混成部隊の編成はこういう形やった。複数の枝の組織から若い衆が来るんやが、それらで班を編成させる。班は地方からの人間と神戸の人間を合わせて構成されとる。そして、互いを「一番、二番、三番」という形で番号で呼び合うようにする。ここで大事なのが、一緒に班を構成しとる者の名前は教えないことや。だから、一緒の班でも、お互いの名前は知らないわけや。指示する者も名前を絶対に教えない。行動するときは「目標はここや、一番、二番、三番の三人で……。ほな行ってこい！」と命令する。で、明友会の人間の家の前まで行かせる。

そういう形やから、たとえ誰かが警察に捕まっても、「名前はわからん」で通る。本当にお互い知らん者同士やから、捕まっても名前がしゃべられん、というかしゃべりようがない。だから、逮捕されて取り調べ、となってもこうなる。

「お前、誰に指示されたんや、言わんかい！」

「ほんまに知りません」

「一緒に動いとった者の名前くらいは知っとるやろ。大阪府警なめくさったらあかんぞ！名前を言わんかい！」

「嘘やない、ほんまに名前なんか知らんのです。一番、二番と呼び合うてたんやし」

「なんやと」

「だから、一番という呼び名だけしか知らんのです」

というわけや。

ほんまに知らんのやから、自白なんかしようがないわ。そういう班を作ってな。極道も知恵のある人間は考えるもんやで。こういった班の作り方は、地道の若頭の考え方や。加茂田の親分も地道の若頭の考え方にはずいぶん学んだと思うで。

柳川組もおったはおったけど、向こうは向こうで行動しとったから。それはあまり記憶がない。

まだ当時は、カネもなにもなかった。若い衆も少なかったしな。何十人とか、そんなもんや。大阪の抗争が終わって、神戸での乱闘があって、それからわしは懲役十一年なというわけや。

［加茂田組元幹部の証言］

（明友会の抗争で逮捕されたときには）加茂田の親分、シャブもやっとったし、ちょうどいい静養ということで、半年くらい垂水病院に入っとったんや。

［明友会抗争］

昭和三十五（一九六〇）年八月九日　田岡一雄・三代目山口組組長は、大阪の韓禄春（田岡一雄の企業舎弟・富士会会長）が経営するキャバレー「キング」の開店祝いに招かれ出席した。

同日夜半、「キング」開店祝いに出演した田端義夫を労うべく、食事のためミナミ千年町のサパークラブ「青い城」に田岡一雄は移動した。織田譲二（三代目山口組若中・織田組組長）、中川猪三郎（三代目山口組舎弟、中川組組長）が同道し、山本広が韓禄春とともに、別行動で同クラブへ移動した。

織田が駐車場を探すために三名を先に下ろしたので、店内に入ったのは田岡一雄と田端、中川の三名だった。「青い城」の店内では、明友会の幹部であった宗福泰、韓建造ら六～七名が飲んで騒いでいた。出所祝いだったという。明友会は在日朝鮮・韓国人を中心にした不良グループの連合体で、ステテコ姿に髑髏や生首の入れ墨をした胸をはだけて、放火や略奪、殺人をくり返していた。

明友会の幹部たちは、田端の来店を知ると「バタやんやないか。一曲唄ってくれんかいな」と、挑発的な態度に出てきた。中川が「田端はんは今夜は遊びにきとるんや。勘弁してやってくれんか。な」（田岡一雄『田岡一雄自伝』徳間文庫）と返すと、わめきたて中川を殴打した。

騒ぎを聞きつけ、織田や山本広ら山口組の組員たちが店内に入り大きな騒動が発生した。警官隊が来るまでの乱闘でけが人が続出し、その中でも中川猪三郎は重傷であった。翌朝、横浜で開催される全国港湾振興会議に出席のため、田岡一雄は東京へ向かったが、この件についてはなにも言い残していない。

八月十日　夜明けとともに、中川組と富士会は行動を開始、明友会の幹部たちが逮捕されている南署で、幹部たちが出るのを待ち受けた。一方姜昌興・明友会会長は事件におどろいて、西宮の諏訪健治（諏訪組組長）を通じて謝罪を申し入れてくる。

八月十一日　諏訪組を通じた謝罪・仲裁は不調、山口組は夕刻には南の「山水苑旅館」に中川組と富士会の組員を中心に各下部組織の者たちが集結し、三～四名の襲撃班を編成。この動きを察し、明友会側の組員は繁華街から姿を消した。

八月十二日　早朝に明友会の幹部・相沢猛（李猛）が情婦のアパートに潜伏していることが判明した。間髪をいれず柳川組を中心にした山口組の組員たちがアパートを包囲し、必死の抵抗をみせる相沢を銃撃し重傷を負わせた。

八月十六日　明友会の姜会長が、南一家を通じてふたたび謝罪を申し入れてきた。さらに、柳川組をも通じて謝罪を申し入れる。

八月十八日　明友会会員らは、山口組の攻勢に反撃を企図、拠点のキャバレー「ユニバース」に集まる。この状況で、山口組は明友会の三名を拉致。

八月十九日　山口組に会員を拉致された明友会は、前川弘美ら加茂田組の三名をさらい、アジトに監禁も、会長の指示で解放。明友会の三名も捕虜交換という形式で解放されたが、解放された山口組組員により青い城事件を引き起こした宗と韓のアジトが判明。

八月二十日・朝六時　加茂田組の一五人が明友会のアジトを急襲、五名の明友会会員のうち一名が即死、残る四名も重傷。宗と韓は逃亡するも、この攻撃は明友会に大きな打撃。

八月二十三日　大分県別府市の石井一郎（石井組組長）が仲裁人となり、手打ち式。のちに三代目山口組若頭補佐兼本部長となった小田秀臣ら、明友会の少なからぬメンバーが山口組に加入。

半月間の連続銃撃

わしが十一年懲役に行って、それで帰ってきてからの抗争は、小さいのも、大きいのも、いろいろあるで。小さいというてもな、どつきあいなんていうのは抗争には数えへん。わしらの抗争は松山とか北海道とか大きいのがいろいろあるけど、それとは別に、わしらがどう激しく抗争をしとったかの一つの例として、大阪の淡熊会を相手にした抗争の話がある。淡熊会という組はもうのうなっとるけどな。

［加茂田組元幹部の証言］

淡熊会と喧嘩になって、話し合いもできないようになってもうたんや。わしらはそうなれば早いで。一気呵成や。「よし、撃ち込んだれ！」でチャカを撃ち込む。そしたら向こうもわしらに撃ち込んできたよ。「なにしてくれんねん、撃ち返したれ‼」でこっちがまた撃ち込んで。向こうからは二回目は来えへんかったが、こっちはまた撃ち込んでな。

加茂田の親分と、その従兄弟の加茂田俊治をモデルにしたとか言われとって、新開地でロケした映画で、加茂田の親分が懲役に行っとった頃にできた『まむしの兄弟』（シリーズ全九作、中島貞夫監督・一九七一～七五年東映）とかいうのが昔東映であったが、ほんま、わしらはいったん食らいついたら離さないまむしのように、反復して撃ち込んでやった。そうやな、半月は連続で撃ち込んだわ。

わしらは「お前らが謝るまで撃ち込んだる」ていうことでな、毎日毎日続けて撃ち込ませたんや。若い衆に「行けー、行けー!」て言うてな。加茂田組の若い衆がみんな、交替しながら撃ち込んだ。とにかく徹底してやったんや。

半月も毎日撃ち込まれればさすがに向こうも参ってくる。こりゃしつこい、てな。連続して撃ち込むいうてもな、大概は三日四日やったら精一杯、というのが極道の世界でも相場や。けれども、わしらは他よりも執念深かったんやな。だから半月毎日撃ち込んだんや。

わしらがそこまでやれば、そらさすがに向こうも手を挙げてしまうわな。そんなんなったところで、本家の頼みもあったし、盃を飲ませて手打ちをした。今思えば、あれはやりすぎなくらいに徹底して撃ち込んどった。

四国松山抗争の背景

昭和五十二年の、四国の松山抗争(第二次)の発端になったんは、元の木村會(木村阪喜会長)や。当時はうちの直系で、木村組というとった。あとから木村會に名前を変えたんや。そこが博打のことで揉めて、兵藤会(兵藤卓也会長)との間で喧嘩になったんや。

兵藤会には、伊藤会いうのがあったんやが、これが兵藤の若頭やったんかな。これが武闘派で、伊藤ってのはとにかく有名やった。兵藤の中でも無茶で有名やった。喧嘩というと、とにかく拳銃はじくような奴らや。あんまり暴れるもんで、警察もおっかながってたのか、なにも言わんような組や。そこと、三代目山口組の直系だった矢嶋長次（三代目山口組若中）の矢嶋組がしょっちゅう喧嘩になっとった。矢嶋組は郷田会と喧嘩した経緯がある（第一次松山抗争・昭和三十九年）。あのときは（当時、関西の大勢力であった）本多会が郷田を応援して、一方で、わしらが矢嶋を応援して神戸から動員したことがある。

加茂田組・松山侵攻前史

わしらがやった松山抗争の話には、その前の話がある。兵藤会はわしのところと揉めたことがあってな。そのとき、ちょうどわしが刑務所から帰ったばかりの時期やった。若頭を前にやっとった山下に交渉させたんや。当時山下は事情で破門になっとった。

山下という男は、わしの組にとっての大功労者や。わしが懲役に行っとる間に、組を維持するのに尽力した。山下は掛け合いが上手で、対立する相手がおるやろ、そうすると相手に、「お前んとこにな、一時間ごとに拳銃を撃ち込んだるぞ」ということを言うて、相手を退かせてまう。そういうことで、度胸がある男やった。山下を継いだ飯田も大した男だったが、今思えば、山下が組の若頭の中でも一番の切れ者やったかもしれんな。そんな男やが、松山での喧嘩の頃、破門にしてたのや。で、神経も病んでもうて、病院に当時おった。そこで、若い衆たちに「山下はどないしたらええかな」って訊いたら、「松山（の兵藤会）の相手をさせたらええんやないでしょうか」と言う。

それならと、若い衆の一人に「そうか、ほんならお前山下とこ行って、兵藤会の相手させえ」と命じたんや。「松山に行って話をさせて、ほんで話をうまく実が収めたら、組に戻そうやないか。その条件を、山下のところ行って話せんかい」っていうことにしたんや。

で、山下は話を聞いて、「本当にすまんなあ」って言うとったらしい。「わしの復帰を認めてくれるのか」って。うちの若い衆も山下にはこう言ってやった。

加茂田組若頭だった山下実。組の歴史において重要な位置を占める。

「二人で、松山でなんとか話をつけよやないか。破門のほうも、きっと話をつけたる」て言うて、山下も「やったろか」ということになった。それで松山に行かせたんや。ところが二人行かせたんはええけど、兵藤会に矢嶋組と間違えられた。「加茂田のとこや」と言うた瞬間に、うちも山口組やから、矢嶋組と勘違いされたんやな。

とにかくや、加茂田組やと言うたからかどうか、兵藤のほうは「そら山口組が来たで、矢嶋組や」「こんどは矢嶋を加茂田が応援しよる」という具合になってもうた。向こうの早合点やが、めんどうなことになってもうた。

［加茂田組元幹部の証言］

（兵藤会に行って）騒ぎになったけれども、しばらくしたら加茂田組の使いの者とわかって向こうは「いやすんません、すんません」いうことになった。「人違いでした、わしらはいま矢嶋と揉めてますもんで」ってな。こちらは「それ、うちは関係ないし、おたくの親分と話をさせてもらおう思って、ここまで来ましてん」と返した。そしたら「ちょっと待っておくんない」ってことで、応接間に通された。「親分はじきに来ます」言うてな。

で、向こうの親分が、「さっきあったことは、本当に申し訳ない」と謝りたいと言うた。

こちらもあんまりそのことにはこだわらへんかった。向こうの親分に「うちの若い衆が間違えて」って頭を下げられて、わしらも、「親分、わしらもようわかりましたで、わしらも大人なんやから、頭下げてもろうとるし、わしらもなにも言わんわ」と話をしたんや。そもそも兵藤会のほうに間違いがあったからやろうけど、話をしたらあっさりとすんだんや。

それでお互いに「ああだこうだ言いはじめたらキリがないし、きれいに流しましょう」という話をして、うちも引っ込む、先方も引っ込む、いうことになった。うまい具合に和解して帰ってきたんで、山下の破門を解いてわしのところに戻したわけや。そのときはそれですんだ。そういう話もあった。

松山侵攻へ

そうしとったら何年か経って、博打のことで木村のとこがまた兵藤会といろいろ揉めて、縄張り争いになった。

もともと兵藤会も含めて、松山には反山口組という考え方があった。岡本組（菅谷組若頭補佐、岡本雅博松山会会長を組長とする。解散後一本にまとまり松山連合会を結成）をはじめ、ほかに伊藤会、大西組というまとまりや。

お互いに松山の地元の縄張りがあったから、結局木村と兵藤会は喧嘩になってしもうたんや。喧嘩で撃ち合いになった。そのとき、うちの若頭は飯田になってた。山下はその前に病院で死んでもうてた。飯田が喧嘩やということで電話かけてきて、「撃ち合いしとります」と言うたから、「わかった、行こうか」って。とにかく、一〇〇人くらい動員して行かせた。

で、喧嘩がだんだん大きくなってきた。飯田がまた電話かけてきて「親分、これはあかん」て。「もう、全部行きましょうや。いってまえですわ、勝つまでやりますわ」となった。それで五〇〇人くらい行った。最終的に、松山は岡本・石鉄・大西らがまとまって松山連合から松山会となった。そうなったところに、わしらが出向いて彼らには（反山口組という枠組みの中にあった組を、三代目山口組入りさせるという形で）三代目入りを決めてもろた。みんな、山口組に入ってよかったと思えるように、ということで話をした（実際に松山連合会が加入したのは五代目山口組）。

当時、まだ四国までの橋はなかったから、みんな飛行機で行かせたんや。

［加茂田組元幹部の証言］

飛行機で乗り込んで、道後のホテルに入った。予約もみな木村のとこにやってもらって、しかもビジネスホテルやなくて温泉旅館風のホテルをいくつか使うてな。ほんで、乗り込んだ人間はホテルに順番にこもっていくわけや。ここの宿には三〇人、ここは二〇人ってな。ひとつのホテルに一〇〇人とか、人を集中させて泊めさせると、地元の人らを驚かせてまう。堅気を驚かせて通報されると大変や。だから松山では人間を分散させたんや。

それから一つのホテルにおる三〇人なら三〇人の人間を束ねる責任者を決めて、そいつに「お前な、ここに責任持ってもらうぞ」ということにした。「なにかあったら責任者に連絡よこせ、ほなら行けー!」という指揮系統を作って、みんなに責任を持たせた。

現地に乗り込んだ人間全体を束ねるほんまの責任者は札（逮捕状）が出てたから、表に出させないようにして、そいつが泊まる宿では「ここの責任者はお前の若い衆を表向き立てとけよ、警察が来たら若い衆に対応させろ、お前（責任者）は三下のチンピラという役柄で通せよ」とさせた。表向きはチンピラのような顔をしとるが、ほんまのところは責任者や、しっかりみんなに指示せいと、こういう形を作ったわけや。

で、若頭の飯田時雄がみんなを呼んで「お前らどこに行け、こいつらはどこどこへ行かせ」と指示を出して、地図書いてな。

兵藤会の人間が駐車場の前歩いてくるのと遭遇して、すぐに撃ち合いになった。警察がおっても撃ち合いしとるんや。そんな感じで一カ月くらい撃ち合いしとった。長期戦やったから、ずいぶんとカネもかかった。

で、そないにしとってね、もう「我慢の限界や」って、向こうの事務所に撃ち込んでたが、そこで初めてダンプカーでの突撃の話が出てきた。

史上初のダンプカー突撃

ダンプカーの突撃も、松山での抗争で出てきた。

きっかけは、飯田が「このままなんとかして相手の事務所に入らないかん、向こうに突っ込んだらどないや？」って言って、「それなら若頭、ダンプカーが突っ込んだらええんやないか」って話になったようや。ダンプ突撃なら、当時は器物破損で済んだから。チャカではじくと銃刀法を適用されて、こっちの損害もでかい。「誰か木村のとこの若い衆で行くのはおれへんのか」と言ったら、部屋住みの若い衆が手を挙げたんや。「ダンプカーで事務所に穴を開けたらええやろ。でっかい穴をな。それで中に入ったらええやろ」って。そういうことで「よし、やろう」ってなったらしい。「ダンプカーを事務所にぶち込め」ってな。そこから、ダンプカー突撃をしたんや。

事務所にダンプカーを突っ込ませて放り込むやろ。放り込んだら、そこはみんな木っ端微塵や。写真で見たら正面に穴あいて、兵藤会という看板だけ残っとる。で、向こうはびっくりしてもうたんやな。動きが止まった。だけど、黙ってるだけではあかんよ。

「なにまだ黙っとんのか、なら、もっともっとやったるで」と、わしらは援軍をどんどん追加で出して、激しく攻撃した。

ちょっとややこしかったのは、向こうは地元やし、一方でこちらは地理がようわからへん。でも、向こうは地理も、相手が地元の人間かよその人間かもわかる。でもわしらは誰がどこの人間かわからへんのや。そこのところは、松山に行った人間はちょっと大変やったみたいやな。

でもな、喧嘩はまだそれでおさまらへんかったんや。

「お前らの兄弟が喧嘩になっとんちゃうんか」

わしらがダンプカーで突撃だなんだとやりあっとる、そんなときに本家の寄り合いがあった。田岡の親分の前に山口組の直系の全部が顔を揃えた本家の寄り合いや。みんな、「ご苦労さん」って言うて毎月集まる。

そこで、田岡の親分がわざとかなんか知らんが、素知らん顔してな、集まった人間に「お前ら、何しに来てん」って。

「いや、親分。今日は寄り合いでっせ」

「そやけど何の寄り合いすんねや」って。

「いま加茂田が四国の松山で喧嘩になっとんちゃうんか」って。

「お前ら、ここ来る前に加茂田の応援行け」ってなったわけや。

田岡の親分が、自分とこの幹部連中に「何しにここ来とんねん」って言うわけや。「お前らの兄弟が喧嘩になっとんちゃうんか」って。「撃ち合いしとんとちゃうんか」って言うて。

「マサがな、本人が行ってやっとるのに、お前たち何やっとる、それが同じ山口組か」って、怒って。

そう言われて、みんなびっくりしたんやろな。「すんません」言うてね、全部が松山に出て、それが二〇人、三〇人と、それぞれ若い衆を連れてきた。田岡の親分に言われて、四国まで応援に行ったわけや。すると、今度は山口組の人数が何千人にもなってまうようなことになったんや。そんなに人間がおると、今度はホテルも取れん、と現地のほうも困ってもうた。

でも、もっとびっくりしたのは兵藤会や。何千人も入ってきて、兵藤会もびっくりする。山口組が松山にひっきりなしに入ってくるんやで。なんやこの大軍は、となる。そこで兵藤が手を上げて、勝負がついたんや。

兵藤会は四国だけの地元の組織やから、そりゃ驚きもするし、手を上げようかということにもなる。山口組は本家からも加勢がどんどん来るんやで。今までは矢嶋だけが相手やった、そしたら加茂田が来るわ、加茂田の人間とやり合うてたと思うてたら、今度は本家から援軍が来て、その相手をしないとならなくなった。こりゃかなわん、と手を上げてまうのも当然や。

（第一次松山抗争の）矢嶋のときは、あれは今治が地元やし、激しい抗争いうてもあくまでも同じ四国の中だけの話や。四国ではしょっちゅう喧嘩をやっとったけど、わしらの感覚ではそんなに撃ち合いはしてないんや。たまに撃ってこられて、撃ち返してといぅ、警察も腰が引けたとしてもその程度やろ。

こっちは違う。まず物量が違う。どんどん撃ち合いや。おまけにダンプカーで事務所に突撃もする、だんだんコトが大きくなってしまうが、それは望むところや。わしら、必要なら抗争の拡大を避けないしな。

【松山抗争・第一次】

昭和三十九（一九六四）年四月二日　愛媛県今治市を地盤とする矢嶋組（矢嶋長次組長）が、松山市内に進出を企て、電話架設の下請業を行う共同電設株式会社を設立。矢嶋組は六月に東雲ビル三階に事務所を移した。なお、矢嶋長次は昭和三十五年の段階で、三代目山口組の直参になっている。

六月五日夜　松山市内の郷田会系バーで飲酒していた矢嶋組組員らが、郷田会清水組の組員たちに店外に連れ出される。このとき、矢嶋組組員一名が拳銃で撃たれた。松山抗争勃発。

六月七日　矢嶋組の数名が郷田会岡本組組員を自宅付近で拉致し、東雲ビルに監禁したが、郷田会岡本組が組員救出のため、四名で東雲ビルに到着した。そこで矢嶋組組員と遭遇し、撃ち合いになり双方に負傷者が出た。東雲ビルからも猟銃が発砲され、激しい銃撃戦となる。その後、警官隊からビル内に催涙弾が撃ち込まれ、防弾チョッキを着けた警察官十名が突入。東雲ビル三階に立てこもっていた矢嶋組組員七名全員が逮捕された。

六月十一日　山口組は一四団体一〇一名を松山市と今治市に派遣し、矢嶋組を支援した。これに対して、神戸市の本多会（本多仁介組長）が六団体四四名を松山市に動員し、郷田会を支援した。愛媛県警の検問体制により、両組織の衝突は回避。

【松山抗争・第二次】

昭和五十二（一九七七）年九月二日　加茂田組若頭補佐であった木村阪喜を組長とする木村組と、兵藤会が博打の揉め事をきっかけに抗争となった。加茂田組が松山市内に一〇〇名を動員、散発的な抗争となる。双方の事務所に手榴弾が投げ込まれる。

九月二十五日　木村組組員がダンプカーで兵藤会本部に突入。暴力団抗争で最初のダンプカー突撃とされる。

十月六日　松山市内の料亭で山口組と兵藤会、および松山市内の諸組織が手打ちをした。のちに松山市内の岡本組・兵藤会・石鉄会・伊藤組・大西組などが合同して松山連合会（松山会）となった。

抗争の後始末

わしらの動きを、田岡の親分は「お前ら何を考えとんのや、怖いわ」と言うとった。「えらいこと考えるなあ」と。けれども、そんなふうに口では言うとったが、実際は派手な喧嘩をしたから喜んどった。もっとも、わしらもこれで負けてもうたらようモノ言われへんけどな。もっとも、負けることはないが。で、喧嘩して勝ってみいや、「マサ、ようやるのう、よかったのう」って言うてくれる。加茂田組は腹をくくって派手な喧嘩をする、そこらへんが田岡の親分にわしがかわいがられてた大きな理由のひとつや。「マサ、お前はようやる」「イケイケやな」「おれがなんぼでも面倒見るから行けよ」と。だから抗争は負けられん。

四国では結構な撃ち合いになったが、最後は数カ月経ってしめくくりや。手打ちして、向こうを謝らせて終わりにして、ちゃんと収まっとる。当然、本家も納得しとる形や。ただ、喧嘩っていうのは、後始末が大事や。事件の責任者が、責任をとらなあかん。撃ち込んでたのをどうするのか。若い衆も出（出頭）させなあかん。責任者は誰で、これは警察と話して出す、とね。その当時、警察とは話し合いで済んどったんや。「ここの人間、ここおった人間は誰や、そいつを出せ」てな。五人なら五人とかな。で、全責任を負う人間として誰を出すかということで、これもみんな決めなあかん。結局話し合いをして「木村、お前が責任とれ」ということで、木村も「わしが責任とります」となった。「これはもうしゃあないちゃうんかなあ」って、「辛抱せえ、お前責任とらなあかん」ってな。で「わかりましたで」と言うて九年。九年間、網走とあと、どこ行ったんかな。木村は、抗争やその後始末もしっかりしとった。

北海道へ空路侵攻——山口組全国制覇の尖兵として

北海道の抗争は大変だったんや。昭和五十五年の五月のな。空港で石の投げ合いしたのが有名やけど、北海道に山口組の根を作ったいう意味では、骨を折った価値はある。結果的には、飛行機チャーターして空から乗り込んだ、というのは示威行動というか、とにかく派手に報じられたし、そういうところではよかったんちゃうか。神戸の本部でもみんなおもしろがっとったし。

侵攻そのものは結局、北海道に着いたときにはすでに警察が配備されとって、空港からは一歩も余計なところに行かせない包囲網ができとった。ホテルまで直行させられて、しかも道具は使われへんから、警察のするがままや。機動隊がぎょうさん配備されてた。

せやから、わしらは石を投げたんが精一杯や。北海道まで行って、石投げ合戦みたいなもんや。もっとも、わしらが大挙押しかけたもんやから、警察も大慌てやったろうな。

武器は先に運んどった。飛行機乗るときに体はどうしてもチェックされるから、船や汽車でもう現地に運んどったんや、乗り込む一週間くらい前に。でも、警察が警備を固めとるところでホテルに入ったら、もう北海道に行った連中はどないもできん。部屋にカンヅメや。機動隊がホテルを完全に囲んどる。

北海道侵攻、緊迫の最前線。警察が徹底的に抑え込みに。物々しい警備の様子をホテル内の加茂田組側から捉えた写真の数々

加茂田組の側から撮った
貴重な写真。物々しい機動隊。

ホテルを包囲する
機動隊のバス。

ホテルの出入口を完全に
封鎖する機動隊。

機動隊員と加茂田組組員。
ドア一枚を隔てて。

抗争の勃発を警戒し、
道路側にも配置される
機動隊。

厳戒態勢の中、移動する
加茂田組。メディアも取
材に駆けつけている。

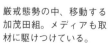

だから、人間は飛行機に乗って向こう着いたけど、すでに運んどった道具をホテルに入れられんかったんや。まあ、もし入ってたら撃ってしもうとるかもしれんが。

みんな文字通りホテルからは一歩も外に出られんかった。ようけ警察ついてくるからな。警察はホテルにも「誰が来ても一歩も入れるな」というようにして、身分証もどこの人間か全部チェックするし、出て行こうとしても囲んでしもうて、一歩も出られなかったんや。ちょっと買い物、なんてのもさせん。欲しいもんあったら買うたろ思うても、絶対に出さない。

結局最後には田岡の親分から「もうようやった、ようやった」って、「もう引きあげえ」って言われたよ。「おい、もうさんざん話題にはなったから、帰ってきてええぞ。お疲れさん」という感じやわ。田岡の親分にそう言われると、もうなんもでけへん。そこで、引きあげたわけや。

引きあげることが決まっても、帰りは帰りで、空港までバスに押し込まれて、トイレも行かせんいうような様子で。空港まで二時間はかかんねんな、ホテルから。でも、一つも信号で止まれへん。ノンストップや。空港まで警察が警護して、そこに着いたらバスは空港の入り口から滑走路の中に入って、飛行機のタラップの下まで連れていかれて。警察がぴったりと階段の横までつけてきて、うちの若い衆が不規則な行動をしないように固めとった。

向こうは誠友会（のちに四代目山口組舎弟待遇）や。でも誠友会だけちゃうで。北海道のヤクザが全部まとまって団体を組んだ。向こうも何百人やったか、忘れたわもう。

一回の衝撃で十年は安泰に

北海道でのこの一件も、田岡の親分はえろう喜んでた。「ようやった、やった」と言うて。そこまでやったら強烈な宣伝になる。

警察に包囲されてもうたとはいえ、「山口組は機動力があるで」というのを改めて見せつけることができたということや。そして「加茂田は喧嘩のためやったら飛行機チャーターしてでも乗り込むイケイケや」というのも見せつけたからや。

そういうことで、派手にやったんが良かったんや。抗争は、いや抗争に限らずやが、ものごとをこちらが主導権を取って進めるためには、相手をあっとおどろかさなならん。特にこのときは、いかに山口組が北海道に乗り込んで根をはるのか、という斬り込み隊として加茂田組が現地に乗り込んだわけでもあるし、相手にはわしらの力を圧倒的に見せつけんとならんかったから。

北海道の話はあとからいろいろ若い衆にも言われたわ。そもそも飛行機をチャーターする、いうことが問題やったと。普通、できっこないやろ。飛行機チャーターして喧嘩しに行くって、何千万円もかけてやで。どこの世界に喧嘩で北海道に、わざわざ飛行機チャーターして行くのがおるか。移動手段だけで何千万もカネかけて、喧嘩しにいくのはいくらなんでもやりすぎや、ってな。でも、そこまでやってまうのが加茂田組やということを知らしめんとならんから。

結論としては、北海道遠征は示威行動やけども、その示威行動は、一回の宣伝で十年はわしらを安泰にさせる、そういった効果があるんや。「あそこは何するかわからん」と。加茂田軍団て怖れられとったが、わしは勢いがあって派手なのが好き、というのもあるけど、やっぱりそういう、ものごとの見せつけ方もまた一方で考えとった。

［北海道抗争の経緯］

昭和五十五（一九八〇）年四月二十一日　北見市の奥州金子一家小林四代目の花田章は、四代目の座を同門の者に譲り、加茂田重政の舎弟となり札幌市内に加茂田組北海道支部・花田組の事務所を開いた。

五月十日 北海道の組織がまとまった北海道同行会は、臨時執行部会を札幌市の源清田新谷本家二代目の自宅で開いた。越路家宗家二代目の本郷清、鍛冶屋宗家二代目の阿波喜作、病院に入院中だった誠友会・石間春夫会長らが出席した。このうち石間は「北海道に山口組は入れない」とし、北海道同行会は加茂田組の北海道入りを阻止することに。

五月十八日 北海道同行会、加茂田組の北海道入りを阻止するために、三二団体約八〇〇名を千歳空港に動員。

五月二十日 北海道警察は千歳空港に警官八〇〇名を動員、厳戒警備を敷いた。加茂田組若頭の飯田時雄が組員二〇〇名と共に大阪空港より全日空機で千歳空港に向かった。北海道同行会八〇〇名は、警官隊により千歳空港内の駐車場に封じ込められていた。

同日午前 加茂田組の二〇〇名が千歳空港に到着。警官隊は加茂田組組員を囲んで一般客と分離し、第五ゲート裏の中庭に移動させる。北海道警察は加茂田組に対し大阪へ帰るように説得したが、「観光に来ただけ」と説得に応じなかった。加茂田組組員は四台のバスに分乗し、宿泊予定先だった留寿都村のリゾートホテル「大和ルスツスキー場・高原ホテル」に向かった。北海道同行会が加茂田組を追跡しようとしたが、警察に阻止される。

北海道同行会八〇〇名は翌日早朝に「高原ホテル」前に集合することを決定し千歳空港から引きあげた。

五月二十一日　早朝、ホテル前に北海道同行会の組員が集結。八時頃までにホテル前に集まった北海道同行会は約八〇〇名、車両数は約一〇〇両となった。北海道警察は警察官五〇〇名と装甲車十三台でホテルを包囲。また飯田時雄に対して事務所開きの中止を要請し、北海道同行会に対しては解散を求めた。

同日午前　高原ホテルから五〇〇メートル離れた警察の検問所で、加茂田組北海道支部花田組組員が機動隊の職務質問を受けた際、「高原ホテル」内の加茂田組組員が、ホテルから出ようとした。北海道同行会が加茂田組に対し投石開始。加茂田組はホテル備品の灰皿や盆を投げ返して反撃。機動隊が両者の間に介入、加茂田組をホテル内に押し込んだ。北海道警察は飯田時雄に「札幌市内に入れば検挙する。すぐに大阪に帰るように」と警告。

同日午後　飯田時雄は警察の要請を受け入れ、加茂田組北海道支部の事務所開きへの出席を断念。北海道警察の警備課長は北海道同行会に対し「飯田時雄が加茂田組北海道支部の事務所開きに出席せず帰阪すること」を伝え、解散を要請。北海道同行会は「加茂田組の帰阪を見届けてから、解散する」と返答。加茂田組はバスに分乗して千歳空港に向かった。北海道同行会は加茂田組のバスを追跡した。

午後六時　加茂田組組員は札幌発大阪行き全日空機に乗って帰阪した。一連の抗争は終結した。

北陸にも進撃——巨大勢力構築へ

わしが刑務所入っとるときに、北陸の福井に南風会という組があって、そこの組織の者と一緒になったことがある。あとから加茂田組の副組長をやった塩見（務・塩見組組長）が率いることになった南風会や。ここの親分と刑務所の中で一緒におって仲良くなったんや。帰ったらあれしよう、これしよう言うてな。で、ここの親分が先に外に出た。

わしはなにしろ読み書きが得意やなかったが、そのぶん頭を使って考えた。極道のことにはしっかりしとった。やっぱりこの人間はできる、この人間はできん、とか判断して。刑務所の中で計画はしとったけれど、そんなんよう言えん。それでうちの若い衆が面会に来たときに「いっぺん、福井に行ってこい」言うたんや。もっとも、若い衆は「それどこでんな」とか言いよる。その当時、福井がどこにあるかも知らんかったらしい。ともあれ、若い衆は福井に行かせた。

［加茂田組元幹部の証言］

加茂田の親分に「福井に行ってこい」と言われたが、けどな、最初は「おい、福井てどこやねん」「北陸でっせ」というくらいなもんで、なにも知らんかった。

いざ福井に行ってみたら、南風会という組、一つの組で四〇〇人もおるんや。で、「こんちは、親分からの話で、訪ねてきました」と挨拶してな。

そしたら、「あーっ聞いたことある、聞いたことある。あんた方、よくきたな。今日はもう用事があるから、明日ゆっくり話しましょう。あとは飲んでいてくれ、女も欲しいか？」というようなもんや。

でな、「あんたも休んでな、話し合いしましょうや」って言うて、一日温泉入ってな、若い衆もぎょうさん来とったよ。

でも親分は刑務所の中やから連絡は取れん、ということで向こうは、「あなたみたいなのが来たらええと思うてた」と言うんやな。わしも「会える段取りしよう思うて、それは考えとったんや」て言うたんや。「もう、あんたがしっかりしてもろうてな」言うて、「ええ面構えや」てなって、仲良うなった。

こっちは、実は探りに行ったんや。大きな家を持って、カネもすごい持っとるのがわかった。ええ顔はええ顔や。行ったら客人として大事にしてくれるし。

ということでな、そこに、事務所作らしたんや、裁判所の前の場所に。ところが、裁判所の連中から「家賃と敷金の三倍は出すから」と、執行命令がかかったんやな。ようするに「立ち退きをせい」と南風会に「三倍のカネを渡す」からと。「裁判所の間近に、ヤクザの事務所入っとるのは世間体が悪い」言うてな。これもしゃあないから、カネもろうて引き上げたわけや。

溝橋正夫（左、元一和会常任顧問、元三代目山口組若頭補佐）と塩見務（加茂田組副組長）。

　そないにしとるうち、親分が娑婆に帰ってくる前に、その組を潰したんや。要するに、「加茂田の名代や」言うて、南風会の会長を潰しにかけたんや。親分は「お前ら、兄弟の組を潰して、お前、なんで潰しにかけよったんや、なんていうことや?」とこっちを詰めたけどな。

　こっちは「あれせえ、これせえ」て言うて、南風会の若い衆らに対して、「お前が早く（当代に）上がってこい」言うて、会長を潰しにかけた。そして、次の会長になった塩見を、親分の舎弟にしたんや。結局、そんなこんなで福井は全部落とした。

そら、向こうも人間がぎょうさんおったけど、どない言うんかな、大きく潰したというか、とにかくそういうことをした。

川内組解体と加茂田組

それから塩見をわしの舎弟にした。そんな形で、加茂田組は大きくなってったんや。まだわしが刑務所の中に入っとる頃の話やけど、福井の組織が加茂田の傘下についたわけや。

それに福井県いうんは、川内組［※注4］があった。前に川内（弘・川内組組長）が殺されて、で、跡を継いだ根本（辰男・二代目川内組組長）を加茂田組に入れてしまおうとした。

で、向こうからも「加茂田なら話をしてもよい」とそないな話が出とった。で、根本も引っ張るつもりで、話をしに行こうかと思ってたところで、でも根本は刑務所に入ってしもうたんや。

しゃあないわな、その間に時代はどんどん前に進んで行くし、わしらも一人にそこまで構うてはおられん。そこで話が途切れてもうた。でも、そこで川内組の人間を何十人か、加茂田組に入れてもうたんや。根本が刑務所から帰ってきても、懲役行ってたからしゃあないやろ、ということで、根本は出てから、結局山健に行ってもうた。

ちなみに、川内が殺されたのは菅谷が山口組から絶縁されるのに繋がる話や。川内が殺されてから、川内組の残された若い衆がおって、それを切り取る、ということで加茂田も動いとったが、他には山健なども自分とこに入れようとしたんや。北陸とか中部を山健中心に取ろうという考えや。

けれども、田岡の親分が切り取りに待ったをかけた。「そういうことは止めぇ」と。で、三年くらい待ったがかかったもんやから、いったん北陸での勢力拡大はどこも止めた。でも、わしらはいろいろ動いとったわ。それでいざ取ってしもうたら、そのときはわしらのことを田岡の親分も笑いながらほめてくれたな。

川内から菅谷のところへは、一人も行ってない。菅谷組と川内で揉め事があって（菅谷組が川内弘を殺害）な、破門状を出しとんのや。菅谷には誰も行ってない。菅谷は親の仇や、行くわけがない。

あと、宮原（省治・宮原組組長）という川内の若い衆がカネを持っとるねん。カネをたくさん持っとるから、使わせなあかんねん。カネを持っとる人間は、たくさん使わせて、カネを減らさせた。そういうことまで、考えてやっとる。普通は下の人間にあんまりカネは持たせんわ。金持ち喧嘩せず、やないが、喧嘩できなくなるから。事業とかしてたら、喧嘩する必要がなくなる。喧嘩してたら事業なんかできない。

［注4］川内組は平成二十六（二〇一四）年に解散した。

九州・宮崎県侵攻作戦の顚末

宮崎のほうは、わしが出てきてから取り組んだんや。言うてみれば山口組内部の揉め事や。

宮崎に井根一家という組がある。それがもともと、別府の石井（元三代目山口組石井一家）の若い衆や。これがしっかり者なんやが、反目になって石井から出とる。それで、井根がわしのところに来たんで、石井が「うちの若い衆に何しとんのや」てなって、話し合いをしてたら、石井と井根が喧嘩になったわけや。

宮崎にも行って、井根の応援もしとったよ。でもな、結局はうちが宮崎を全部取ろうということになったんや。「盃しましょうか?」言うて、日にちも決めて帰ってきたら、その機会に石井が現地で抗争を起こした。

で、因縁つけたようや。「あんたら、そっちの若い衆ちゃうで、うちの若い衆な、元々はな」って。うちはまだ盃してなかったんや、そんときは。そうすると向こうに、やっぱり正当性があんねんな。向こうが一枚上やった。盃を早くしとけば良かったんや。盃しとったら、うちが筋やから、いろいろ言える。喧嘩もできる。でも盃がないんでは、筋が通らない。そやから宮崎はあきらめた。

この時期は、わしはあっちこっち行っとった。全国各地で盃をして、北海道もそうや。花田も取ったんやけど、わしのほうから行ったことはない。最後に、向こうから盃をください、と言わせるような形を作ってやっとった。

【宮崎戦争の経緯】

宮崎戦争とは、昭和五十八（一九八三）年に、宮崎県下一円で起こった三代目山口組石井組と、同組から離れることとなった井根一家との抗争である。この抗争には井根一家の井根敏雄総長と、石井組執行部側についた実兄である井根義秀組長率いる井根組の抗争もあったため、宮崎兄弟戦争などとも呼ばれることがある。

昭和五十五（一九八〇）年八月　大分県天瀬温泉にて三代目山口組川近組による総長賭

博開催。

昭和五十七（一九八二）年七月　大分県警、先の総長賭博に参加した者を逮捕、加茂田重政、益田佳於（三代目山口組若頭補佐、益田組組長）らの大物組長が次々と逮捕されるに至った。この事態を招いたのが、総長賭博が石井組高橋組のシマ内で開催され、そこにおいて事件化されたこと、石井組高橋組組員が別件取り調べ中に刑事に漏らした一言であったことから、石井組内にて責任問題を追及する声が上がり、高橋組の高橋辰馬組長は絶縁処分を下された。

昭和五十八（一九八三）年　服役中であった井根敏雄・井根一家総長が出所、義兄弟であった高橋辰馬組長に対する処分の撤回を求め石井組執行部と対立。その後、井根敏雄・井根一家総長に石井組本部より絶縁処分が下される。実兄の井根義秀・井根組組長は石井組本部側につき、兄弟間でも対立が深まった。井根敏雄の絶縁処分にともない、井根敏雄と親しかった加茂田重政が組員を大挙カーフェリーにて宮崎へ移動させるも、宮崎県警に追い返される一幕もあった。

二月十六日　井根組事務所に銃撃。

同日　井根組組員が、実兄の井根義秀組長が率いる井根一家組員に拉致監禁される、井根組幹部が井根一家組員に暴行など、抗争勃発。

五月十日　井根組の井根敏雄総長、銃撃され死亡。

五月十五日　石井組若頭補佐宅に銃撃。

同日　石井組舎弟の松本繁由組長が率いる松本会事務所が銃撃されるなど、銃撃戦多発。

五月十六日　井根一家組員、石井組系事務所に発砲。

六月十九日　秋山潔・石井組組長宅に銃撃。

八月三十一日　井根敏雄総長の死亡を受けて、組織をまとめてきた井根一家の徳永勝義・徳永組組長が宮崎県警察に解散状を届け、抗争が終結。

第三章　懲役と組織の拡大

【当時の世相――高度経済成長とともに拡大するヤクザ組織】

わが国の高度経済成長は、社会資本（インフラ）の整備から始まった。戦争でほとんど新地《さらち》になった国土に、道路と建物をつくる。港湾を整備する。鉄道を延長する。かくして新幹線や高速道路、地下鉄網などの巨大プロジェクトが推し進められた。

それを担ったのは気の荒い建設労働者たちであり、膨大な下請け人夫たちであった。このマンパワーを統制し、そして効率的に動員するには、高級官僚や役人、サラリーマン管理職ではほとんど無理だった。さらには、スクラップアンドビルドによる地元民との摩擦、公害もまた事業を困難にした。そこで大いに活用されたのが、ヤクザのマンパワーであった。わが国の経済成長とともに、ヤクザ組織もまた大きく成長したのである。加茂田重政が懲役に行っている間に、彼の加茂田組も時代の変化に洗われてゆく。

「飯田時雄」という人物

加茂田組の若頭の話としては、飯田時雄の話もちょっとしとこうか。あれは大阪の旭区の赤川にあった、阪神会だか阪神組だか、とにかくそこの組にもともとおった。阪神会の若い衆やったんや。この組は加茂田の枝の組や。飯田の親分は矢田喜一郎という男やったが、これが酒飲みで厄介なところがあって、飯田も大変やったようや。そんなところで、阪神会の幹部が飯田を呼んで、なにが気に食わんかったのか、飯田を「殺す」言うて喧嘩になったらしい、阪神会の事務所で。ところが、飯田が道具を取り上げて、殺そうとしたほうが反対に殺された。これは正当防衛となった。飯田はそんな事情で懲役が助かったのや。それで結局、そこの親分も頭があかんということで、阪神会の代を

飯田時雄。山下実の跡を継ぎ、加茂田組の若頭となった。

飯田時雄の元親分、矢田喜一郎（阪神会会長）。写真中央は山下実、その背後に立つ人物。

飯田が継いだんや。

飛田の博打

あちこちで、小さい喧嘩、大きい喧嘩があったが、博打で何回も懲役行く人間がおった。大阪の古い博打打ちの松田組。あそこの舎弟で、瀬田組というのがあったんや、新開地のほうに。そこにも喧嘩して殴り込みかけた。それはもう、人間が足らんから言うて、帰ってきても、また行かなあかんかった。どんどん連続して殴り込みや。そやから行かん人間はおらんねん。加茂田で懲役行ってる人間は何名やったかな。当時の加茂田の若い衆は何十人足らずしかおらんかったが、そんな人数で喧嘩や殴り込みをしとった。

一番カネが残ったのは博打や。わしが刑務所にずっと入っとったときには、飛田の下部組織で博打の常盆をやっとったとこに毎月援助してもろうとったが、そのカネが大きかった。村上陽一（村上組組長）というのがおって、これがけっこう有名な人間で、「わしゃもう博打（の収入）で、淡路島みんな買うたんねん」と言うような男やったが、そういうのが絡んどって、そっからカネを引っ張った。毎月毎月、わしらは博打を飛田でやっとった。そこの上がりは毎日、五十万だか三十万やけど、ときには百万にもなった。

当時の飛田の博打ってでかいわ。それで、それらを山下が結局まとめて、一団となって組の立て直しをしたんや。

事務所を開く

事務所のほうは、飯田がある日、「今のままではいかん」言うて、長田に事務所作ろうということになった。「今のままじゃしゃあないし、事務所作ろうやないか」と言うて、カネ集めろ言うたんや。

村上陽一（村上組組長）。

土地から買うて、事務所を作る。ゼロから建てて事務所開きをするのは、清水（光重・三代目山口組若頭補佐、清水組組長）やら、いろいろな人間に頼んで、証文を出回らした。山次（山本次郎・三代目山口組山次組組長）にも声かけて、「出資してくれ」とそう言うた。こうやってみんなに声かけてカネ集めて、事務所作った。今思っても、このやり方はええことやった。わしらもカネがそんなないしな、組の若い衆がみんなで、「わしも声か

加茂田組事務所、昭和五十四（一九七九）年元旦。

けたるで」って、あちこち声をかけた。いろんなところに足を運んでいったんや。そんなわけで、事務所もできた。

山下前若頭の死

そして、この頃山下から飯田を若頭にさせたんや。なぜ飯田になったかというとやな、飯田はなかなか頭のええ男やったからや。飯田が若頭になるのには誰も異論はなかったやろ。

ところが、山下がうちの幹部のところに来て怒った。「勝手に若頭を決めて、誰に断って決めたんや」て言うたらしい。幹部たちは山下に「お前は体が悪いからできない」と、そう言うたら「若頭決めるとか、勝手なことすな」いうてやり合うて、山下は飯田には「お前が若頭になるなら、それやったら他の者誘うんやった」と言うたらしい。もちろん、みんなで山下をなぐさめたりもしたとも聞いとる。前にも言うたが、山下は山下でずいぶん組には貢献した。山下の言い分もあるに決まっとる。わしが刑務所に入っとる十一年のうちに、加茂田の若い衆がみんな刑務所から帰ってきて、組を立て直しにかかったが、そのときには、山下は自分が病気やったのにあちこちから人間を加茂田組に引っ張って、それで組を維持していった。そういう貢献を、わしも組のみんなも、痛いほどわかっとる。だけどな、ということや。そういうわけで、頭の交代劇は円満に行ったわけではない。もちろん内緒でもなく、一応組のみんなで決めて、ただそれを山下に相談せんとやったわけや。もう相談できんかったと。そういうことがあった。

山下はちょっと話をしてても、病気で参っとって話にならんという状態やったんや。米田に言うて、病院に連れて行ってもろうたら、病院の先生が「もうあかんかもしれん」と言うたらしい。先生は治る確率は低いと言うわけや。「手術で助かる見込みは何パーセントくらいあるのか」って訊くと、三〇パーセントないと。でも、わしが務めておらんなってるし、死んでも保障せなあかん、そう一筆書いたら、「いらん」となったらしい。もう、医者が診断してもようせんやて。だからそのままもう、退院したんや。退院してから、そのまま亡くなった。山下は松山でもがんばってもろたけど、それまでやな。惜しい男を亡くしたもんや。

懲役十一年

わしの懲役時代の話か。嫁はよう面会に来てくれた。北海道におったときもずっと来てたし、千葉のときは毎月来てた。手紙もほとんど、出せるだけ書いてくれよった。手紙は階級によって、月に何通とか変わってくるが、わしも書いた。その頃の手紙はもう残ってない。刑務所から帰ってくるときに手紙も全部持ってきたけど、地震で家が潰れたときにだいぶなくなってもうた。刑務所での作業報奨金がなんぼやったか、それも持ってきた。金額は忘れてもうたけど、十一年務めとったから。刑務所でも十一年いれば結構貯まるもんや。

刑務所では柳川と一緒になったことがある。柳川に刑務所で「懲罰で食物がもらえへんから、組長言うてください」って言われたから、パンかなんかをあれにやったのは憶えとるわ。で、それを柳川が憶えとって、わしが刑務所から出てきたらなんやかんやと礼をしてきた。

一番最初は岐阜に行ってた。岐阜に三年くらいおって、それが押送《おうそう》になって北海道の旭川へ行ってた。それから、出所まであと二年くらいというときに千葉の刑務所に移っとる。そこで放免になったわけや。転々と場所を変えて北海道まで行って、千葉行って。

刑務所の中の秩序をわしが乱してしまったらあかんもんで、そこんとこを考えて国がやったんちゃうんか。本当の理由なんか知らんが。千葉の刑務所は長期の刑務所や。

わしはタバコが好きなもんやから、この歳になっても吸うとるけど、タバコもな、これは岐阜の刑務所のときの話やけど、担当が代わるたびにカネを二十万ほども持たして、タバコを二、三個もらっとった。えらい高うつくけど、それしか方法がない。工場に出たら、ほかの者にも分けたらなあかんし。

ところがや、それが所長にバレてしもうたんや。その担当はクビになった。そしたら、わしも不良押送や。北海道の旭川に行くことになったわけや。旭川刑務所や。ここは面会に行く者が大変で、あの当時は汽車じゃなくて、馬車に乗って行かなならんのや。昭和四十年くらいやからね。面会は血縁やないとややこしいけれども、組の若い衆も、嫁についていて、こいつはわしの弟やという証明写真を付けた証明を持って旭川まで来てくれてた。えらいありがたかったたな。

刑務所での喧嘩

刑務所の中ではいっぺん、大きな喧嘩しとる。あの喧嘩は、まだ残り三年ぐらいやったんかな、浜松に伊堂組ってあったんやけど、そこの幹部と派手なのをやった。

田岡文子・三代目山口組組長夫人から 獄中の加茂田重政への手紙

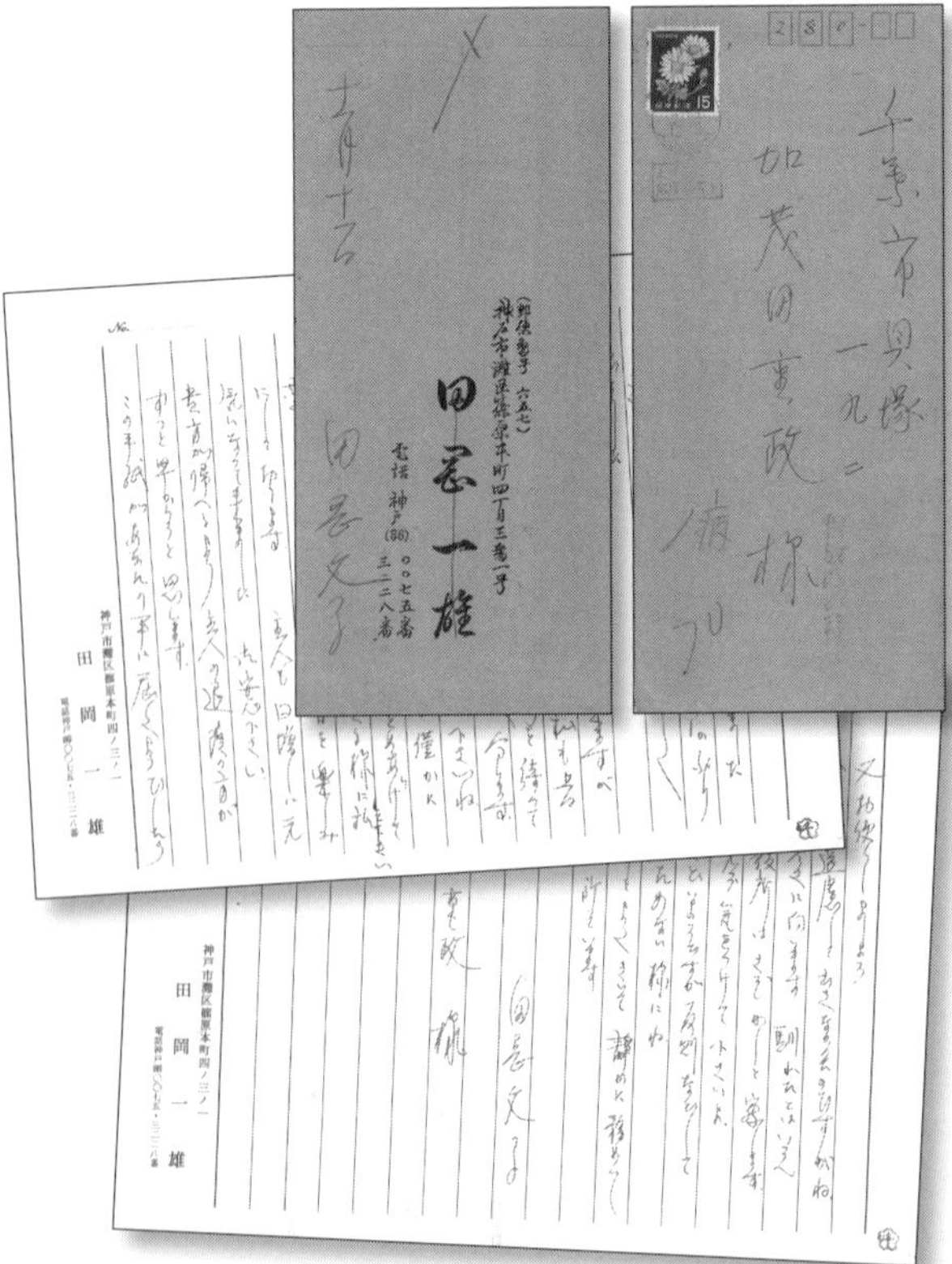

わしは直系やから「偉いのはわしや、辛抱できんわ」言うて、刑務所の中で喧嘩になった。こっちは口の中を切られて、殴り合いになった。

で、喧嘩したら面会のときに伝わって、娑婆にも支障が出るやろ。内輪揉めやし、なんとか秘密にしとこうと思うたけど、あかんかった。向こうのほうがなんか掛け合ったらしくて、話がややこしくなった。高田一郎（加茂田組舎弟・高田組組長）と西林健二（加茂田組舎弟・西林組組長）と何人かが浜松に話をつけに行ったんや。そのときは伊堂組の最高幹部は病院に入院しとったらしい。

［加茂田組元幹部の証言］

外ではな、伊堂組の最高幹部が病院から飛んできて、刑務所で喧嘩になった事情を話した。結局は「いやぁ申し訳ない、どうしましょう」ってなった。わしは「このままほっとくわけにはいかん、親分に手をかけたら組織に手をかけたと一緒やで、喧嘩するか?」言うたら、「いやいや、それはできません。話をしに来てもらったのはありがたいと思ってるんで、とにかく、なんとかあの親分さんに収まるよう、よく言ってもらえれば」言うて、先方の最高幹部は指を詰めたもんや。

しかし「あんたがなんぼ指を詰めてもなにしても、親分の気持ちが収まらへん」て言うたんや。それで本家で伊堂組と話し合いをさせようとしたけど、なかなか出てこなかったんや。しゃあないから、山健の親分に事情を話したら「来いや」言うて電話で怒鳴っとんねん。「何ぬかしくさっとるで、よっしゃ、わかった」言うてな、山健の親分がこの件で浜松に行った。で、わっと言うたんよ。

　そういうことで、向こうが詫び入れよった。それで山健の親分は納得したちゃうんかな。でもな、山健の親分が納得したからって終わりになるもんでもないやろ。山健の親分にな、「あんたは納得したけど、加茂田は収まらん、納得せん」いうことになった。

　次の面会で、刑務所の所長が話をせえって言う。それで中でみんな収めてしもうた。そのときは前日に行って「山健の親分と加茂田を会わしましょう、面会させてくれ」と要求して、「明日面会します、喧嘩を収めた事情を話します」と言うた。すると所長は「面会室じゃなくて、所長室で話しなさい」って言うた。もちろん所持品検査はするけど、所長室で話すことになった。外のほうの事情もいろいろ話して、指を詰めたこととか、山健の親分が入って話したこととかをな。山健の親分が納得してるということで、最後は親分も納得した。

　もっとも、親分は最初なかなか納得せんかった。でも、山健の親分も、「兄弟すまん」言うてる。「会うていっぺん話つけな」と。そこまで言うならと、もういっぺん次の日に面会となった。で、改めて話をして、それで親分も納得したわけや。

そういうことで、刑務所の中を抑えていくのも、全部抑えていく。わしが話をする相手は刑務官じゃなく所長や。「話が終わったら、刑務所の人間に言うて、抑えます」て言うて。刑務所のほうも面目があるわな。で、「わかりました」と言うて了解して、所長室での面会となった。で、山健が来たというわけや。一緒に嫁と三人で所長室に入って一時間話をした。タバコも吸うた。その後嫁とも一時間くらい一緒におって。わし、それくらいのことならしようと思えばできた。

これで喧嘩の件は収まって、刑務所はおとなしくなった。千葉の刑務所も、実際のところ、わしみたいな極道のことはうっとうしいねん。

刑務所から出てきたら、直系の組長が体かけて懲役に行ったわけやから、カネは本家からぎょうさん出た。本家の命令がかかって行ったわけやから、わしが中に入っとる間も、本家からカネが出る。給料というか、嫁と子どもの生活費が出るんや。そのときによって金額は違うけどな。じゅうぶん食べて行けるだけのカネは渡されたけど、やっぱり借金やなんか、そんな細かいのがけっこうあったから。わしの場合は、山口組とあと米田からもカネが出てた。こういうときも米田には世話になったな。それにしてもや、やっぱり懲役では嫁には苦労かけたわ。

一五〇〇人結集の放免祝い

放免祝いのときは、駆けつけてきた若い衆は、結局バス十何台分も来てた。バスが連なって、あちこちのいろんな組から来とった。人数でいえば一五〇〇人くらい来とったんとちゃうか。それだけのバスが並んどった。出所は、昭和四十八年の七月十一日や。出所時間は午前五時や。で、朝の四時には、もういろんな組の若いのがわっと集まっとったらしい。

今じゃ出所祝いを刑務所の近くで派手にやる、なんてのは警察が許さんが、わしらの頃はそりゃ派手にやったもんや。警察もわざわざ妨害になんかやって来ない。

出所の二日くらい前に、わしに面会が来た。「出迎えはこんなんなってます、若い衆もたくさん来ます」という話を聞いた。

［加茂田組元幹部の証言］

田岡の親分が「マサが帰ってくるんか、よっしゃわかった」言うて、山健の親分を電話で呼んで、「健、お前が先頭になって直系に全部電話をして、加茂田を迎えに行け」って。

加茂田の親分の放免祝いをやれ、というのは田岡の親分からの命令やった。

親分は出たらすぐに近所のホテルに行くようにさせた。朝早いからそこには泊まらんで、昼から神戸に帰ってええんかなとか、その段取りを一通り終えた。あとは神戸の若い衆を千葉に呼んで、提灯を持たせて立たすとか、そういうことを山健の親分と話し合いをして決めた。

そんときは、加茂田組だけで若い衆が一〇〇人以上集まった。で、よその組が来て「うちも若い衆が応援します」言うて、出所を祝うということで、みんなして提灯を持って祝いに来てくれてた。電話かけて応援集めとかなんやかんやした。で、迎えに来てくれた。人がどこでどないなっとんかしらんけどな、歩かれんほど人が来たんや。出所の演説もできんくらいや。マイクも持たれん、押せ押せでぎゅうぎゅうになっとった。

そんな混み合った状態で、親分も演説をちょっとだけして、加茂田組の幹部もちょっと話をして、「山健の親分のおかげや」言うて、で、親分は「帰る」言うて祝いが終わった。もう時間かかってしゃあなかった。

放免祝いは賑やかやった。それが終わったらわしはホテルに入って休憩して、昼になったら山健と一緒に新幹線に乗って、神戸に帰って、すぐに本家に行った。

放免祝いの一部始終。加茂田重政の出所を多くの若い衆が出迎えた

加茂田重政らの前に集う若い衆。

法被を着て居並ぶ若い衆。

若い衆の脇を高級車が通り過ぎてゆく。

米田への恩義

加茂田組の最盛期は若い衆が四〇〇〇人、五〇〇〇人とか言われたけど、それはみんな集まってきた連中も勝手に「加茂田だ」と名乗っていたからや。時には勝手にや。警察のほうでは、加茂田組は三五〇〇人とか言うとった。当時の三代目山口組では、一番大きかった組やないかな。

加茂田組が成長してからも、米田には世話になっとった。たとえば、賭け事で借金ができて困ったことがある。ちょうど、米田が入院してて、新神戸駅前の、元のオリエンタルホテルのところがその病院やった。そこにわしと、嫁と若い衆とで行った。わしの嫁は米田の身内や。だから嫁を連れて行ったんや。「博打をして同じ組の者に借金がある、そのカネを払わんと」と。何億ってカネや。米田の世話にならんと返せん、という額でな。

そしたら、米田がこう言うんや。「博打で借金、何度も繰り返しとるな。いままでもしとったやろ?　でもな、博打の借金言うても同じ組の者やったら待ってくれるやろ。自分には山があるし、今回はその山をやる。一年、二年後にはその山が何十億で売れるから。そこに道ができて、なんか通るようになればいいカネで山が売れるから、それまで待て」って言われたけど、わしは待たれへんかった。現金が急ぎで必要やったんや。待たすのはやっぱりあかん、先に払わんと兄弟分にも示しがつかんから。そのときは一億か二億か、わさび会から出してもろうたかな。その代わり山の話はなしや。そしたら、その二年ぐらいあとに、ほんまにその山に道ができて何十億になったというんや。で、嫁に「もう一回米田とこ行って、『前にあの山をやるって言うとったんだからください』言うてもろうてこい」って言うたら、嫁が怒って怒って、「なにずうずうしいこと言うとんの！　そんな話通るわけないやろ！」と言われたこともある。

しかし、米田にはほんまかわいがってもろうてた。文句を言いながらも、何億もわしに出すぐらいやから。もちろん、こっちも尽くすというか、向こうはカネいっぱい持っとるけど、わしのほうからも贈り物などもした。豪華な時計を買って持っていったりしたもんや。けど米田は「こんなんわしはせえへんから」って言うて、実際セイコーの一番安い時計をつけとった。「セイコーが一番時間が合うから。わしは外国の時計なんかせえへんから」って。実利派の人やった。

当時はわしの企業舎弟とかもずいぶんいたんやけど、わしの誕生パーティーには社長連中がぎょうさん来てた。福原（神戸の風俗街）押さえてたからね。田岡の親分が「どないかして山健を福原に入れてくれ」って言うたけど、入れへんかったんや。他でもない田岡の親分の頼みではあったんやけど、絶対に入れなかった。そこは、極道は町に

加茂田組親睦会での一枚。加茂田重政を中心に、飯田時雄若頭（左）ら加茂田組幹部や加茂田重政の妻、洋子夫人の姿。

根づいとるわけやし、譲れんかった。わし、若い頃からずっとこのへんでやってきた、という誇りのようなもんもあったしな。それにしても、福原はパチンコあるし、ソープランドみたいな風俗店もあるから、それはすごいシノギやった。

この写真は結構おるやろ。当時の親睦会の写真やけど、こんな感じで幹部がおったんや。

組織拡大の原動力は周到な財政

加茂田組の会費は安かったんや。今の金額やったら、たとえば月に十万やったらそれの半分以下やろな。なんでか言うたら、加茂田組は人が多かったから、そのくらいで組が維持できたわけや。みんな生活があるから、安くするに越したことはない。そのとき一〇〇人くらいおったから、たとえ五万ずつでも、合わせれば五百万円やろ。

事務所にはな、カネはなんもかからないんや。若い衆から集めたカネは、事務所の電気や電話、そういうのになんぼか当てるだけ。十万か二十万もあれば光熱費は足りるねんな。「会費からはここの電気代だけ出して、あとは置いとけ」ということにして、あとのカネはみんな貯金しとったよ。本家の会費もわしが自分でカネ出しとった。義理事の出費も、自分の付き合いは自分で出してた。だから貯めとったよ、わしの組織は。それで、カネがふくらんできたら金融屋に預けた。カネは貸したほうがなんぼかふくれるから、そんなら「寝かしとかんと貸せ貸せ」となるわな。カネは三分でも八分でも、多く持ってたほうがええやろ。でも貸すのは「固い金融屋にしろ」とね。「またカネ出さなあかんから、若い衆にそれだけは確保しとけよ」って。金融屋のほうも、ぎょうさんカネを持ってったら、「ああうちは助かります」となるわけやろ。で、毎月毎月なんぼも預けとったよ。それがそのうち二千万や三千万円になって、喧嘩の資金になってたわけや。

カネがないと喧嘩はできん。北海道（侵攻）とかは、そこから資金が出るわけや。あとは道具とか弾などや。道具は使うときはしっかり使うんで、隠していっぱい置いとった、淡路島に。淡路島に港があって、そこに道具の保管場所として借りとるアパートがあった。道具を使うたら、みんなそこに行って保管する。そないして会費を集めては道具を買うて、喧嘩の費用に遣うてたんや。当時そういうことをしとった組は少ないはずや。

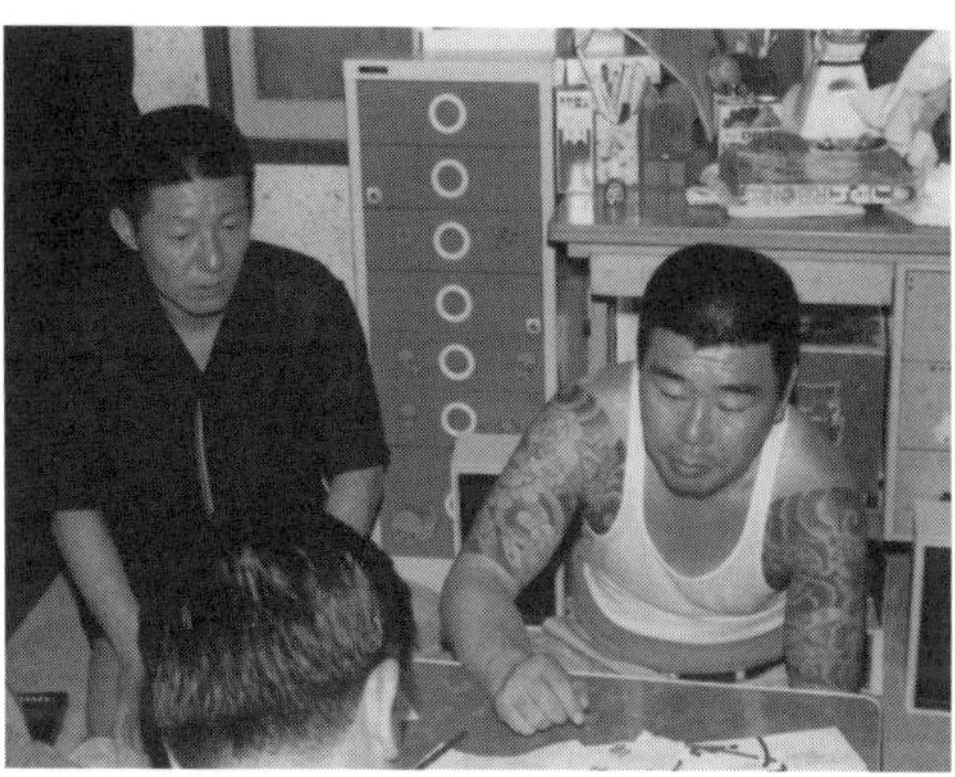

加茂田重政自宅にて。加茂田重政の左には高田一郎（加茂田組舎弟、高田組組長）。

ここがわしら独自の、言うてみたら組織の計画や。極道も現役やと立場があるから、こういった話はなかなか聞かれんやろ。たとえ読み書きできなくとも、わしらはけっこう頭はまわる。そういう知恵だけはまわっとる。読み書きできない人間は、知恵が人以上にまわらんとあかんのや。

組員のカネを集めて、別個に貯めておく。そして金融でカネを殖やす。そないしとって、道具を購入して、喧嘩する。こういう形が組の原点や。こうやって加茂田組は大きくなっていったわけや。

会計の管理は、幹部にはいちおう寄り

並ぶ加茂田組の
若い衆。

歩く袴姿の人物は大平一雄（三代目山口組若頭補佐兼本部長、大平組組長）、その右後方に山本広（三代目山口組若頭補佐〈当時〉）。

会場前に集まった
加茂田組の面々。

加茂田組の義理事。「加茂田軍団」らしい大規模なものである

勢揃いした幹部たち。

加茂田組の法被を着て並ぶ。

合いで報告する。「なんぼなんぼになってます」と。「いま一億円になってます」と言うて確認する。でも、誰が貯めてどこに置いてある、というようなことは言わない。「なんでかよう貯まるな」なんて言うて喜ぶだけで、あんまり気にもしとらんかった。そういうことしとったんや。

いろいろシノギをするためにあったのが加茂田実業で、そん中で貸金業やらいろいろやっとった。法律も昔はうるさなかったし、このあたりは普通の極道のシノギと思うてもらえばええ。

わしら、最盛期でシノギがどれくらいあったかというと、年で何十億はあったな。長田に地下鉄を通すときに、神戸市と、どこかは忘れたが建設会社が十億円持って「反対する連中を黙らせてくれるか？」っていうのがあったのは、よう憶えとる。わしは「わかった」の鶴の一声や。そやけど、そのカネがどこ行ったかはわからん。わしは、カネに頓着せなんだから。

加茂田組の頭脳

執行部は四、五人集まってやった。わしはその決定に、「そうか、それでええぞ」と言うだけ。

みんな賢い人間やから、いろんなことを考えとる。カネの損得だけではなくて、若い衆のためになることをな。結局、当番のこと一つとっても、いろいろ考えないとあかんことは多いんや。当番と言うてもな、神戸や大阪だけやない。北海道からも本部当番には行かなあかんやろ。九州とか四国もおるわな。そんな遠くからも当番行かなあかんから、若い衆を全部連れて、となれば、旅費がなんぼいるねんっていうことになる。旅費だけで十万や二十万いるやろ。一人の人間だけやのうて、責任者と当番も入れて来るとなると。せやから、一回なんぼの旅費は本部で出す、というようなことを考えてやったんや。そういう形で組の若い衆は一カ月三回か四回、遠方からそうやって来る。

なにかあったら、すぐに百万のカネは出る。普通にそれは用意はする。カネの手配でもなんでも、そういうことはね、いろいろ考えてるんや。組をどう回すか、若い衆をどう動かすか、そういうところをしっかりさせて、加茂田組は大きくなった。ほんまに若い衆のことは、みんな考えてやったよ。飯田にしろ、他の幹部にしろ、毎月毎月議題があって、よく考えてやっとった。なんもない月もあるけど、抗争が起きたらいろいろあるし、いろんな心配して、いろいろ考えて案出してね。

これはちょっと無理や言うても、なんとか工夫するように話し合いをしてたもんや。その場があったのは寄り合いとは別で、だまって秘密にしてたよ。そういう会合は秘密やと。

昭和のフィクサーの一人、田中清玄とともに。

国政進出を企図――参院選出馬計画・田中清玄との出会い

政治家にならんか、という話はたしかにあった。現役時代にな。

そのきっかけは、（戦後、フィクサーとして有名だった）田中清玄や。政界に打って出ようと思ったのは、田中清玄との出会いが大きいんや。参議院選挙に出ようとしたんや。選挙ポスター用の写真も撮って、東京都の選挙管理委員会にも政治団体結成の届けを出した。（昭和五十六〈一九八一〉年の一月には）わしの後援会の関西本部も立ち上げた。それにしても、田中清玄には仲良うしてもらった。写真もいっぱい残っとる。田中清玄は田岡の親分と付き合いがあって、麻薬浄化運動なんかも一緒にやっとった。田中清玄は、田岡の親分の紹介や。気に入ってもろてね。

ところが、結局参院選出馬には反対された。特に飯田に反対されて、思い直すことになったんや。組の幹部連中とかも、みんな「出たところで通るわけもないし」と言うて。出馬はとりやめた。

もっとも、わしが選挙に出ようと思うたほんまの理由は、名前が選挙で出るやろ。名前を売ること、それなんや。ほんまに国会に出て、わしが答弁できるか。読み書きも満足にできん人間が国会に出ても、実際はしゃあないやろ。

でも、選挙に出ると言えば、加茂田いう名前を世間に出すことができる。ときどき選挙であるやろ、出馬の噂で名前を出すあれと同じ。で、どこかの会社行くときなんかのために、選挙出ると言ったら、候補者ですよ、という名刺、そういう名刺はまだ作ったことなかったから作って、で、出馬者としてみんなに名前を知られてから、引くねん。でも名前だけは残るという形になる。そんなことで、歴史を作ると言うてるわけや。

実際には、選挙に出ても、極道が国政に出たら日本にはなにもいいことないと思われるだけや。選挙に出るぞとぶちあげる、そんなもんでいいんとちゃうか。まあ、政界進出の話も、墓場まで持っていかんとならんことがあるのも事実や。

【ヤクザと政治】

近代ヤクザの祖といわれる吉田磯吉が憲政会、保良浅之助が政友会所属の衆議院議員であったように、戦前はヤクザの親分が政治家になるのは珍しいことではなかった。戦後も警察の頂上作戦など、締め付けはあったものの、昭和三十年代、四十年代の自民党の政治家で、ヤクザの支援を受けている政治家は多かったとされる。加茂田重政に近い人物でも、高知の中井啓一は市会議員になっている。

田中清玄は戦後のフィクサーの一人だが、戦前は東大の学生共産党員を経て、党の臨時指導部の委員長を務めた人物である。保釈後、京浜地域の沖仲仕の元締めだった藤木幸太郎（埋地一家組長）と知り合っているが、その藤木幸太郎が海運協会を結成する際に、田岡一雄・三代目山口組組長を会長に推挙したのだった。それを通じて、田岡一雄は田中清玄と知り合いになった。田中清玄はすでに、建設会社と石油海運の実業家となっていた。

その後、田中清玄は田岡一雄と共に麻薬追放国土浄化同盟を結成するなどの活動を行った。この団体のおもな参加者は参議院議員の市川房枝、小説家の山岡荘八、文芸評論家の福田恆存、実業家の菅原通済であった。

第四章　山一抗争と加茂田組

山一のことか。今となっては詮無いことやが、自分の話をするいうて、改めて思い返してみると、やっぱりいろいろ出てくる。そりゃわしもいろいろ思うところも、言うておいたほうがええこともある。今思えば、わしが殺されとったかもしれんし、加茂田組がもっと動いて、もっとたくさん誰か殺してた可能性もあった。田岡の親分が亡くなって、それからわしが山口組を出るまでにも、いろんな動きがあった。山広も、一和会を作ったときにはなかなか凄みのある動きを見せたで。

［抗争に至る情勢］

昭和五十六（一九八一）年に田岡一雄・三代目山口組組長が亡くなり、跡目を継ぐと思われていた山本健一（三代目山口組若頭、山健組組長）が翌年に他界すると、山口組は四代目継承をめぐって混乱におちいった。

昭和五十七（一九八二）年六月五日の定例会で、いったん山本広（三代目山口組若頭補佐、山広組組長）が三代目代行になることが全会一致で決まった。そして竹中正久（三代目山口組若頭補佐、竹中組組長）が新しい若頭に就任した。そのまま山本広が四代目、竹中正久（三代目山口組若頭補佐、竹中組組長）が四代目若頭という人事案が最高幹部のあいだでまとまったが、竹中正久がこれに反発した。自分は三代目若頭になることは了承したが、四代目若頭として山本広（三代目山口組若頭補佐、山広組組長）の風下に立つ気はないというものである。捜査当局による幹部のあいつぐ逮捕、特に竹中正久本人が脱税容疑で社会不在になると、四代目人事は凍結されてしまった。

この混迷に決定力を持ったのは、田岡文子・三代目山口組組長夫人だった。田岡文子は竹中正久擁立に動き、稲川聖城・稲川会総裁から了解をとりつけた。昭和五十九（一九八四）年六月五日、田岡文子は竹中正久を四代目山口組組長に推薦し、田岡の遺言であると言明した。

田岡雄一の没後、田岡文子が兵庫県警から「三代目姐」として認定されることを避けることが至上命題とされた、という状況が一連の動きの根源にあるとされる。

この日、あらかじめ事態を察知していた山本広、加茂田重政、小田秀臣（三代目山口組若頭補佐兼本部長、小田秀組組長）らは定例会をボイコットしていた。同時刻に記者会見し、竹中正久の四代目就任は直系組長の総意ではなく受け容れられないと宣言した。ここに山口組は分裂したのである。山口組はヤクザとしては前例のない「義絶状」を廻して、一和会を斯道界から放逐しようとした。

竹中派四十二団体四六九〇人に対して、一和会となった山広派は三十四団体六〇二一人、態度を保留した中間派が十二団体一三三四人であった。だが、この力関係は年末までに逆転する。
それぞれの派閥についた組長は以下の通り。

【竹中派】

竹中正久
新居良孝
石川尚
石田章六
伊堂敏雄
井上治幸
大平一雄
尾崎彰春
小田丞
織田譲二

小野新治
桂木正夫
加藤次男
金田三俊
嘉陽宗輝
神田幸松
木村茂夫
木村忠雄
岸本才三
小西音松
櫻井隆之
鈴木国太郎
瀧澤仁志
宅見勝
玉地健治
近松博好
中川猪三郎

中西一男
仲田喜志登
中山勝正
長谷一雄
羽根悪美
古川雅章
堀内伊佐美
益田啓助
益田佳於
松野順一
真鍋展朗
南力
矢嶋長次
山崎正
渡辺芳則

【山広派】

山本広

秋山潔
浅野二郎
井志繁雅
稲葉実
伊原金一
大川覚
小田秀臣
勝野重信
加茂田重政
加茂田俊治
川崎護
河内山憲法
北山悟

熊本親
黒澤明
坂井奈良芳
佐々木道雄
清水光広
白神英雄
杉重夫
中井啓一
野上哲男
野澤儀太郎
西脇和美
平澤武善
弘田武志
福井英夫
松尾三郎
松本勝美
松本博幸

溝橋正夫
宮脇与一
若林暲

【中間派】

足立哲雄
安達晴信
伊豆健児
大石誉夫
川合康允
近藤慶文
後藤昭夫
坂井廣
中谷利明
則竹武由

本田健二
湊芳治

（警察資料より作成・敬称略・五十音順）

この抗争には、その前段がある。昭和四十六年、山健が若頭になるときの入れ札を山広とやって、それで負けとる。幹部会で頭を選ぶことになって、山広のほうが票が多かった。でも、山健が三代目の親分に言うて。「あの、わしもうやめますわ」って話をひっくり返した。「なんでや？」と訊かれて「わしはもう、あんなんが若頭ならついていけません」と。で、山健がかわいくてしゃあないから、姐さんが菅谷と話して、山広に「今回は引いてもろうとくれ」で、山健が若頭になった。

【山一抗争勃発まで・山口組四代目跡目問題】

昭和四十三（一九六八）年二月　田岡一雄・三代目山口組組長は若頭だった地道行雄（地

道組組長）の後任として、梶原清晴（梶原組組長）を決定。若頭補佐は山本健一（山健組組長）、山本広（山広組組長）ら。

昭和四十六（一九七一）年七月二十五日　梶原清晴（三代目山口組若頭、梶原組組長）が鹿児島県硫黄島で溺死。

七月二十六日　山口組の若頭補佐、全員の互選（入れ札）で次代の若頭を選ぶことを決定。田岡一雄も互選を了承。

八月　六人の若頭補佐は後任の若頭を決定するために互選の会議を開催した。山本広（三代目山口組若頭補佐、山広組組長）が四票、山本健一（三代目山口組若頭補佐、山健組組長）が二票、山本広が後任の若頭に内定も山本健一は反対の意向を示した。山本健一は田岡一雄・三代目山口組組長に「山本広が若頭になるならば頭補佐を辞任する」との意向を伝えた。田岡一雄は妻の田岡文子・三代目山口組組長夫人を通して、山本広に若頭から降りるよう説得した。山本広はいったん若頭辞退を承諾したが、後日関西労災病院に田岡一雄を訪ねて若頭辞退撤回の意向を伝えた。田岡一雄は菅谷政雄（三代目山口組若頭補佐、菅谷組組長）を呼び、山本広に若頭を辞退させるように頼んだ。菅谷からの説得を受けて、山本広は若頭就任を辞退した。

九月五日　山本健一（山健組組長）が三代目山口組若頭に就任、若頭補佐筆頭に山本広（山広組組長）。以下、菅谷政雄（菅谷組組長）、清水光重（清水組組長）、小田秀臣（小田秀組組長）、中西一男（中西組組長）、大平一雄（大平組組長）、竹中正久（竹中組組長）が若頭補佐に任命された。その後、小田秀臣は山口組本部長に就任。

昭和五十（一九七五）年七月二十六日　松田組との大阪戦争が勃発。

昭和五十六（一九八一）年七月二十三日　田岡一雄・三代目山口組組長が急性心不全により死去。

十月二十五日　神戸市灘区の田岡邸で山口組組葬。服役中の山本健一が副葬儀委員長、葬儀委員長は稲川聖城・稲川会総裁、喪主は田岡文子・三代目山口組組長夫人。

昭和五十七（一九八二）年二月四日　山本健一（三代目山口組若頭、山健組組長）が死去。山口組四代目跡目問題、浮上。

四月二十七日　山口組総本部で山本健一の山口組組葬。施主は田岡文子・三代目山口組組長夫人、葬儀委員長は山本広（三代目山口組若頭補佐、山広組組長）、葬儀副委員長は小田秀臣（三代目山口組若頭補佐兼本部長、小田秀組組長）、中西一男（三代目山口組若頭補佐、中西組組長）、竹中正久（三代目山口組若頭補佐、竹中組組長）、益田芳於（三代目山口組若頭補佐、益田組組長）、加茂田重政、中山勝正（三代目山口組若頭補佐、豪友会会長）、溝橋正夫（三代目山口組若頭補佐、溝橋組組長）だった。この後、田岡文子は山本広に山口組若頭就任を要請したが、山本広は組長代行就任を希望。

六月五日　山本広が三代目山口組組長代行に就任。その後、田岡文子は竹中正久の若頭就任を予定していたが、組内部の軋轢により若頭は空席に。

六月十四日　山本広（三代目山口組組長代行、山広組組長）は電話で竹中正久（三代目山口組若頭補佐、竹中組組長）に若頭就任を説得したが、拒否された。山本広は田岡文子・三代目山口組組長夫人に相談し、田岡文子が竹中正久に電話をして田岡邸で話し合うことになった。

六月十五日　竹中正久の若頭就任決定。

同日　兵庫県警、田岡文子を「三代目姐」と認定。

昭和五十九（一九八四）年六月五日　山口組の定例組長会議で、田岡文子は竹中正久を跡目とする田岡一雄・三代目山口組組長の遺言があると主張、竹中正久は山口組四代目組長就任の挨拶。

同日　大阪市の松美会事務所において、竹中正久の山口組四代目組長就任に反対する山本広（三代目山口組組長代行、山広組組長）、加茂田重政、佐々木道雄（三代目山口組若中、佐々木組組長）、溝橋正夫（三代目山口組若頭補佐、溝橋組組長）、北山悟（三代目山口組若中、北山組組長）、松本勝美（三代目山口組若中、松美会会長）、小田秀臣（三代目山口組若頭補佐兼本部長、小田秀組組長）ら約二〇名、記者会見を開催。

六月六日　竹中正久（三代目山口組若頭補佐、竹中組組長）の山口組四代目組長就任に反対する山口組直系組長らは、山口組の代紋を組事務所から外した。この時点で、山口組参加者は直系組長四二名、組員数四六九〇名、一和会参加者は直系組長三四名、組員数六〇二一名。

熟慮が仇となった山広

しかし、入れ札で山広が引かなかったら、どないなってたやろか。田岡の親分は山健のことは「健、健」って可愛がっておったが、一方で山広は姐さんと仲が悪かった。なんで仲が悪いかというと、山広はカネも持っとるし、力もあるんやけど、ちょっと人情味がないのや。たとえば姐さんが「健ちゃん、健ちゃん」て言うたら山健は言うこと聞くけど、山広は知らん顔して、姐さんを無視するところがあった。だいたい山広というのは温厚派で熟慮してもの言うほうなんやけど、それが嫌われたんや。熟慮が仇になるというところがあった。それよりも、やっぱし横におって、なんでもしゃべって親しくしとるほうが、かわいいやろ。それが人情や。

カネだって、なかなか出さない。これは嫌われてもしゃあない。姐さんも自分を立ててくれたほうが、そりゃうれしいんちゃうの。それが、なんかあっても知らん顔してたら、そりゃ姐さんも面白くないわな。「憎たらしいわ、この子」ってなるやろ。組のことでは「はいはい」言うても、個人のことやと言うこと聞かん、ではな。

一方で、竹中は姐さんの言うことはなんでも聞いた。カネも、姐さんに「カネがいる」と言われれば出す。だから、四代目継ぐときも、ほんまは勝っとったのに、結局山広が負けた。結局姐さんと山広の感情のもつれが、四代目の代替わりにも直結したわけや。そら山広のほうも悪いよ。ほんま慢心しとったしな。

けど、人事が姐さんの好みいうことになったら、わしらもう極道やっとられへんわ。

【山一抗争勃発まで・一和会結成】

昭和五十九（一九八四）年六月八日　兵庫県警は竹中組事務所への家宅捜索を行った。

六月十三日　山本広（三代目山口組組長代行、山広組組長）、加茂田重政、佐々木道雄（三代目山口組若中、佐々木組組長）は山本広を会長とし「一和会」を結成。加茂田重政は副会長兼理事長に就任。

六月二十一日　田岡邸で、竹中正久（四代目山口組組長）は二三名の舎弟、四六名の若中と固めの盃事。

六月二十三日　四代目山口組執行部発足。竹中正久は若頭に中山勝正（三代目山口組若

頭補佐、豪友会会長）、舎弟頭に中西一男（三代目山口組若頭補佐、中西組組長）、筆頭若頭補佐兼本部長に岸本才三（岸本組組長）を配した。渡辺芳則（山健組組長）、宅見勝（宅見組組長）、嘉陽宗輝（嘉陽組組長）、桂木正夫（一心会会長）、木村茂夫（角定一家総長）を若頭補佐にした。さらに竹中武を竹中組組長、竹中正を竹中組相談役とした。

七月十日　徳島県鳴門市の「観光ホテル鳴門」で四代目山口組襲名式。後見人は稲川聖城・稲川会総裁、取持人は諏訪健治・諏訪一家総長、推薦人は堀政夫・住吉連合会会長と図越利一・三代目会津小鉄会会長、大野鶴吉・大野一家総長、辻野嘉兵衛・四代目今西組組長、松浦繁明・松浦組組長、平田勝市・大日本平和会会長、平井龍夫・三代目森会会長、草野高明・草野一家総長。見届人は翁長良宏・三代目旭琉会会長、媒酌人は津村和磨・大野一家義信会会長、霊代は田岡文子・三代目山口組組長夫人であった。

「三代目の遺言」はなかった

「三代目の遺言」とかいう例の話やけどな、そんなの絶対ない。いまさら言うても詮無いことやけど、ほんまは山広が継ぐのが筋やろ。よりはっきり言えば、山広に順番がまわってきとった。それをあの人が勝手に決めたんやないか。それを「三代目の田岡の親分の遺言や」と言うて。

姐さんのせいで一和会となったいう話もあるけれども、それはたしかやろ。姐さんが竹中を可愛がりよったからな。わしもなにかと反発するほうやんか、なんでも「はいはい」言うほうやないねん、気性的には。だから「マサはうるさい」と言われる、そういうところがあると思うわ。

わし自身が四代目になるっていう頭（考え）はなかった。田岡の親分が亡くなったときに、「四代目は狙うなよ、そういう野心は持ったらあかんよ」と米田にも言われとったし、わしもそう言われて「そりゃそうやな」と思っとった。竹中とは貫目でいえば同じやし、人数的にはウチのほうが全然多かったんやけど、それは流れが決めることであって、自分から「わしが当代になる」と言うもんではないやろ。極道の実力は運も大事や。

竹中とも、実際のところ山広が四代目を継ぐとの話で確認しとったんや。竹中も最初は四代目について「自分はいらん、そんな気はない」て言うてたんやで。竹中が神戸拘置所に入ってたときに、わしは面会に行ってるんや（昭和五十八〈一九八三〉年六月）。そんときに「兄弟、山広に四代目を継がせ。あとはどうにでもなるやないか」「兄弟はまだ若いやないか」と言うて、竹中もそんときはそれで納得しとった。

竹中が保釈で出てきた翌日、夜中まで飲んで話をしたとき、竹中は「兄弟、山広が四代目を継いだら、わしと一緒に『兄弟会』をこしらえんか」と言うてた。「兄弟、（山口組を）出よ、出て、二人で（新しい組を）作ろうや」とすら、竹中とわしとで言うとったこともある。それも、竹中からや。山口組を割って出て、一本で行くいうような話もしとった。

ところが、竹中は姐さんに言いくるめられて豹変や。それでわしの嫁も姐さんに呼ばれて、「マサのバカタレが、竹中と話はしなかったんか」「生一本な人間やから、一本になるのはともかくも、あっち（山広派）には行ってないやろな」とも言われとる。もう、その段階でわかったわな。「組が振り回されとる」と。

四代目の襲名の手続きでいえば、六月五日の定例会で決まることになっとったが、実は二日前に決まっとるわけや。これはおかしい。稲川総裁が神戸に来て、姐さんが「お父ちゃんの遺志で、竹中を四代目にする」と、その場で稲川総裁の了解をとりつけてる。稲川総裁に「ついては後見をお願いします」と頼んでるわけやろ。そこまで決められとった。せやから、（竹中四代目の誕生に反対する）わしらが五日の定例会に出れば、ひとこと言わなならん。「一度も直系の者たちで話し合いがないのに、なんで勝手なこと決めとるねん」と。順序が違うやないかと。道すじがおかしいやろと。そしたら、竹中を推す連中は、「お前らは姐さんの言うことを聞けんのか」「稲川総裁が後見すると言うとるのに、恥をかかすんかい」とくるやろ。そうなったら、修羅場やろが。その場で殴り合いや。

わしらは田岡の親分のおかげでここまで来れたんやから、その大恩のある親分の家で喧嘩騒ぎを起こすわけにはいかん。だから定例会は欠席した。確実に罵り合いや殴り合いになるのがわかっとったからや。

それと、わしらは竹中の盃を受けたわけやないから、言葉の正しい意味では山口組の分裂ではないんや。四代目を認めんから「離脱」したわけであって、逆盃をしたわけではない。だから「義絶状」とかいうのは、本来成立しない。竹中とは親子やないんやから。

【義絶状とは？】

義絶状とは、山口組から分裂した一和会に対し山口組が出した状である。この状は本来は個人に出されるものであり、これを組に対して出すのは極めて稀なことである。

この状の種類には破門、絶縁、除籍、引退などの種類があり、破門状には黒字破門、赤字破門がある。黒字破門の場合は期間をおいて破門が解除される。その場合は復縁状などが配られる。赤字破門は絶縁と同等の意味があるが、人を立てての復帰の可能性がある。除籍は組織に対しての貢献がある人間に対しての処分であり、引退は言葉通りのものである。

加茂田重政と竹中正久

わしらが山口組と別れる前後の話や。竹中とわしが話し合いをしたんや。そのときはまだ別れてなくて、竹中と加茂田と四国高知の豪友会な、それでうまく収まってた。ところが、ある人間がごちゃごちゃして、死んでもうたんや。で、神竜会が竹中とおかしくなった。神竜会は、元は加茂田組やから。結局、竹中と別れたのには、その対立にわしも巻き込まれたというのもある。それで別れて、神戸に帰ったら、すぐに山広から電話がかかってきて、山広に会うた。それで、山広と手を組むことになっていったというのが本当の話や。このあたりは誰も知らん思うわ。わしと山広だけの話やったから。

あと、竹中についていく気にならんかったんは、割れてどうこうなりそうやった時期、わしは兵庫病院に入院しとかんと捕まりそうなことがあって、偽装で入院してたんやけど、そのときに竹中と姫路の木下会の枝と、ちょっと揉めたことがあった。それをいったん手打ちしたら、向こうは手打ち破りをしたわけや。せやからもう、あんなとこは信用できんと。しかも手打ち破りは二、三回あった。(竹中についていかなかったのは)そういうのもある。

竹中は機転がきくというか、細田組が潰れたとき(昭和五十八〈一九八三〉年七月)に、西脇組と竹中組が細田の若い衆を吸い上げたことがあってな。そんとき、わしに細田から電話がかかってきて「兄弟、来てくれ」と言う。「いま、竹中の兄弟と西脇の兄弟がうちの組に来てる」と。

細田は、「組を竹中と西脇で二分割みたいな形にするんはやめろ」言うてた。つまり、自分で行きたいところを決めろと。「お前ら行きたいとこにみんな行け」と細田は自分とこの若い衆に言うてたわけや。「自分は加茂田行きます」「自分は山健行きます」、中には竹中のところに行く者もおるやろ、でも、若い衆がそれぞれ自分で決めて組を移る。それでええやん。それが、若い衆を自分のとこに吸い上げるためによその組を切り取るようなことをした。

竹中とは言い合いをしたこともあった。北海道へ加茂田組が侵攻したときに「お前が取ってこんかい」とか言われて、わしは「なんであいつに言われなあかんねん」と思うた。山健が言うならまだわかるけどな、若頭でもなんでもない人間に言われて。「なんやありゃ、あれに言われることがあるかい」と。

誰が組長なら分裂はなかったか

四代目を誰にするのか、親分衆の合意がちゃんと反映されとるとか、田岡の親分がほんまに指名していた、とかのような筋が通った話やったら、わしは呑むよ。当たり前やがな。けどな、遺言なんてそもそも存在しない話を持ち出してくるからややこしゅうなる。

田岡一雄組長を山本健一（田岡組長の右）、加茂田重政（同左）ら側近組長が囲む。

その辺がきっちりしてないときに、山広以外の人間で、わしが誰ならついていくかの話なら、わしは山健が四代目やったら、ついていった。横浜の益田がクッションで継ぐんでもよかったかもわからんな。それやったら山口組におったかな。実際、益田のワンポイントっていうんは、当時噂されてたから。益田が継いどったら、いったんみんな丸くおさまる。

そもそもやで、竹中については、「なんで四代目を継ぐんや」ということでみんな反発したわけやから。中山（勝正・三代目山口組若頭補佐、豪友会会長）のほうがまだよかったんちゃうかと、わしは思うてた。竹中に継がせるより、中山のほうが良かった。

あとは、一和会で出るときに、加茂田組が独立する可能性もあったことも言うとくわ。わし自身も、そう口に出して言うてたしな。ほんまに一本で行ったほうが、良かったかもわからへんな。そりゃあキツいやろうけど。あの地域（福原）を押さえていれば、加茂田の名前でそれなりに食えていけるしね。

で、頃合いを見計らって山口組に帰ればええ、と思ったんやけど。そこらへんは、わしは不器用やった。やっぱり、頼まれて喧嘩で頼りにされたら、わしの力を見せたろ、と思うてまうんや。

山広が懐に手榴弾を――身を捨てての説得

一和会に参加した理由は、ずっと言わなかったんやけど、あのときは首を縦に振るしかなかった。さっき、山広が電話してきて会うたという話をしたが、そのときの話や。

実は、山広は家に話し合いに来たとき、懐に手榴弾を忍ばせてきとった。わしが首を縦に振らなかったら（手榴弾の）ピンを離すぞというわけや。それは今でもよう憶えとる。わしがそこで頼みを受け入れなければ、山広は手榴弾を爆発させるつもりやった。懐にそれが見えてたな、山広は「『うん』と言うてくれ、言うてくれなかったら爆発させるで〕言うとった。そら極道やし、いざというときの肝は据わっとった。それくらいの覚悟は山広にもあったいうことや。

山広の説得で一和会に行ったときは、自分で納得して行ったというより、そらもう山広についた人間を助けるために、という気概や。ただ、山口組という名前を捨てて一和会に行くのは、気持ちとしてはあかんかった。そんときは気持ちが張ってるから、わしの力を見せたるという感じになっとった。

山広とは五分の兄弟やけど、山広のほうが年齢が上やから、わしは一和会の中では山広を立ててた。でも二人きりのときは「ヤマヒロ」やったな。

しかし、山広は抗争に負けた組長やからと、いろいろ言われとる。わしもそりゃ山広には思うところもいろいろあるで。でも、世の中、勝てば官軍、言うけどな、仮に山広がボンクラやったとして、なんで三代目山口組組長代行とか、入れ札を山健とやるほどの地位に就くなんてことになるんや。そんな話があってたまるか。それはそれで言うとかなあかんな。

一和会の名前についてやけど、一和会は「和」という名前を使うとるけど、要するにみんなで協調するというような意味や。最初の「一」は田岡一雄の一（かず）、和は田岡の親分が言う「和親合一（わしんごういつ）」を合わせたものなんや。せやから最初は「一和会」（かずわかい）やったんが、マスコミが「いちわ」と読むもんやから、しゃあないから一和会（いちわかい）となった。そのあたりはこだわりがのうて、ええ加減なもんやった。わしはもう名前は、どうでもよかった。

一和会の幹部は、山広とかは経済ヤクザやった。喧嘩できる極道もおればカネ儲けがうまい極道もおる。佐々木道雄（一和会幹事長、三代目山口組若中、佐々木組組長）とか白神英雄は顔の広い極道やった。日本中に幅広い人脈があって、外交家やったな。

一和会の本部は、元町のニューグランドビル。二階を全部ぶち抜きで事務所にして、下にあった中華料理店で事始めなどしとった。あの店は、わしの伝手があった。美人のママがおって、えらい面倒見てもろたわ。気っ風がええ人でな、わしあんな女の人はほかに見たことない。いろいろ気を遣うてくれてな。抗争が始まってからは、もう、わしら飯を食う暇もないねん。外で店に入って、ゆっくり食べる時間がないのやな。せやから、事務所に戻ってきたら腹が減ってかなわん。それで、若い衆が「ママ、親分なんも食べてないんや」とか言うから、ママも「ええーっ」て驚いてな。そしたらすぐに作ってくれる。

あのビルやけど、一階のあそこの入り口というのは、使ってなかったんや。横からしか入れなかった。階段でね。

加茂田組の参加が持つ意味

もしわしが参加してなかったら、一和会もあないな形で成立しとらんやろ。わしの名前がなければ、溝橋、北山、あのへんは全部出てない。あれらはもともと番町会やしな。あとから考えれば、わしがまとめて下から、番町会にいたような人間を全部取り込ん

かつて一和会が入っていた
ニューグランドビル。

で、そういうのを一本でまとめていったほうがきれいだったんちゃうか。山広は山広、わしはわしというかたちで別にやっていくという形や。まあ、やってもうたことはしゃあないが。

しかし、わしがおらなんだら、もし分裂はしとったとしても、あないな全面戦争にはなってなかったかもしれん。テレビのインタビューで「来たら行きます。喧嘩はします」言うたのは、そら極道やからしゃあないで。極道しとる以上、来たら行かなならんやろ、ということや。

もともと、四代目選出の手続きが理不尽やったから、仕方なく組を出たまでで、割って出た意識はあんまりなかった。その点は、いまの六代目山口組と神戸山口組の抗争とは違う。四代目選出がそういう形なら、こっちは独自の道を行くわ、というだけの話や。最初に手を出したのは向こうで、こっちが仕掛けた喧嘩やないから。せやけど、来たらしゃあないやろ。そんだけの話や。受けて立ったというだけや。

【抗争年表】

昭和五十九（一九八四）年八月五日　和歌山県で、山口組系組員が一和会系組員を刺殺。

山一抗争が勃発。

八月二十三日　竹中正久（四代目山口組組長）は「義絶状」を友誼団体に送った。

このころ、札幌刑務所病舎で、野沢儀太郎（四代目山口組舎弟、一会会長）は、石間春夫（誠友会会長）と面会。

九月三日　大分県別府市で、一和会系組員が山口組系組員を入院先の病院で拳銃で銃撃、重傷を負わす。

十月　このころ、一和会は「義絶状」への反論文を一部団体に送付。

十二月初旬　石川裕雄（一和会常任理事、悟道連合会会長）は「ＧＳハイム第二江坂」の一室を知人名義で借りた。

十二月末　山口組側の切り崩しにより、山口組の構成員数は一四〇〇〇名、一和会の構成員数は二八〇〇名となったとされる。

昭和六十（一九八五）年一月九日　竹中正久（四代目山口組組長）、最高裁で上告棄却。常習賭博により懲役五カ月が確定。

一月十六日　竹中正久は中山勝正（四代目山口組若頭、豪友会会長）ら山口組最高幹部を同行し沖縄へ。旭琉会の案内で沖縄を観光。

竹中四代目の暗殺――抗争のエスカレート

竹中と中山、それと南力（四代目組長秘書・南組組長）を殺った（昭和六十〈一九八五〉年一月二十六日）あと、山広はわしらにも行き先を知らせんで姿を隠した。山広にとっては、竹中を殺した時点で抗争は終わっとったんやろな。山一の戦争にカネを出さんようになった。

しかし、実際は一月二十六日は終わりやのうて山口組への宣戦布告やったんや。そっちが来たから、こっちもやるぞと。ほんまの喧嘩はこういうもんやと。それまで向こうは切り崩しやろ。そやからわしが「正々堂々と来い」言うたんや。これは向こうに対してだけやない。石川（裕雄・一和会常任理事、悟道連合会会長）［※注5］と後藤（栄治・山広組若頭）が竹中を弾いた段階で、全面戦争になったのを自覚してない山広に対しても、わしの思いを示したわけや。

二月に高知で豪友会が中井のとこにカチ込みして、高知で大戦争になっとるやろ（双方の四人が死亡し、一八一人が検挙される）。大阪では弘道会が、後藤組（一和会＝竹中殺しの実行母体）の組員をさらってる（二月十九日）。水谷一家（一和会）がやられて（三月六日・四月十二日で二名死亡）、もう全面戦争になっとるわけや。

姿を消しとった山広が出てきたんは、四月十四日の一和会定例総会やけど、その総会の帰りに吉田好延（一和会副幹事長）が襲撃されてる。もう引き返しができんところまで来とった。

それからは、うちの西林組がやられて（西林組の若頭が重傷を負う）、松美会の者（光山勝治、光山組組長）も殺されとる。で、うちが報復したんが、山健組本部襲撃で、向こうの幹部を殺ったついでに、一般人を巻き添えにしてもうたわけや（団体職員が負傷）。

こらもう「しもたなぁ」っちゅうしかない。「報復や、ほんまの喧嘩見せたるぞ」と思うたら、堅気の人間を巻き添えにしてもうたとか。うまく歯車が回らん、と言うか、どうにもピシッと決まらん。けど、今更ぼやいたらあかん、いかに枝の者がやったことでも、親分はわしなんやから。責任はわしにある。山広はしかし、そんな覚悟はないのや。戦場から逃げても、引退するわけでもなし。けど、報復もほんま大変になるやろ、というのが予想できる以上な、踏ん張るしかないんや。

報復も半端やなかったで。五月には、うちの枝の者たち（奥原組）が二人もやられとる（うち一名死亡）。もちろん、すぐに返しとるけどな。

竹中四代目を弾いた石川裕雄は旭川刑務所にいるが、「ヤクザになったことも、事件も後悔してない」と言うとるようやな。せやから、反省がないっちゅうことで出てこれへんのか。石川は本になっとるし（木村勝美『極道の品格』メディアックス）、孫が買うてきて読んでたわ。「かっこええ、この人！」って言うて。

そのようなことを決行した石川裕雄らに対してはどう思うか？　わしはなにも思わんな。極道として当たり前やろ。

当時、わしは神戸のほうは任せろ、大阪は大阪の者が動けと、最初はそういうことやった。一和会はブロックで動いとったからね。ところが、西林組の若頭がやられたからね。これでもう全面戦争で、神戸も大阪もない。

しかし、どこでもええからやり返せばええというものではない。わしらは極道やから、筋違いの報復はあかん。どこの誰がやったのか、正確に割り出すことが必要や。来たら行くぞと。やったら、正確に報復するぞと。

それで、やられたときに憶えとった特徴をもとに割り出したんが山健の者やった。渡辺芳則（二代目山健組組長、のち五代目山口組組長）が来るのもわかってた。せやから（目標は）間違いなかったんやけど、クルマを走らせてそこから撃ってるやろ。その一発が流れ弾になって、堅気の者に当たってもうた。

［注5］石川裕雄は竹中四代目を殺害したことで無期懲役の判決を下されている。被害者に対し「冥福を祈っている」としながらも「日本男児としてやらねばならなかった」と述べている。当初襲撃犯は山広組であり、監視役は北山組（悟道連合会）とされた。中山若頭の殺害は予想外の出来事とされる。

竹中四代目襲撃の一報と緊迫

竹中らを弾いた事件のとき、娘が家にいたのは憶えとる。あれはもう結婚して外の家に住んどったけど、ちょうど家に来てた。わしは麻雀してたのかな、家に電話が入った。運転手が「親分、電話です」って言うから、電話受けたら「殺った」と。「ほんまか！よし、わかった！」と切ってね。嫁に「えらいことや！　竹中いかれたで！」言うて、「早よシャッター閉め！」や。向こうから来るかもしれんから。娘には「早よ帰れ」で自宅に帰らせて。テレビを点けても、まだ速報もなにもやってなかった。ちょっと経ってからニュース速報が出た。
やった当時、わしは暗殺の動きが具体的にあることは知らんかった。

［加茂田組元幹部の証言］

そのとき、ちょうど加茂田組の人間が北新地で飲んどったんや。こちらは（事件の舞台となった）マンションや、竹中がどこにおるかなどは把握しとって、わざと別れて（分散して）飲んどったよ。そしたら「よし、行け！」って号令が下りたんや。「竹中が来たから、殺れ」と。でも、止めたんやな。死なせたらあかんから。幹部の一人から「止めえ！」て電話が来た。

けど、マンションにおる（一和会の人間の）ほうも、やる気はなかった。あれは近くに他の住人がおったらやれない。堅気に流れ弾、なんてことになったら大変や。ところが、三人しか出てこなかった。

そんで、誰もいないところでたまたま三人がパッとクルマから降りたんで、三人を殺ったんやな。あと、狙撃のときに護衛が十人いたらやっていない。竹中は油断していたんやろ。竹中の狙撃と監視は、三人一組で各組から出ていたからな。

でも、それはしゃあない。極道も運が大事や。「今こっち向かった」「そっち向かった」って、みんな張っとったけど、しかし、これまでは「あんまりこれは追いかけんほうがええ」ということで、瞬間的な判断でやめとったんやろな。竹中が来ても、「行けるか?」「あかん、住人がおる。やめとけ」と指示があって。わしとこの人間も、竹中が来たから一応電話して、「今入った、(マンションに)これから入ります」、「あかん、やめとけ、殺さんでええ」となって、そのまま北新地で飲んで帰った。そのあと、たまたま、三人しか降りて来んかったから殺った。

竹中の女があそこにおったのは、あの三人しか知らんはずや。山口組の人間も、竹中がどこでなにやっとるか、知らんもんな。でもこっちは、何日も追えば、調査に行く人間も何十組と出るから、捕捉できる。竹中を殺るのは一瞬や。やっぱりな、エレベーターのところで、「三人だけ乗る」思うてたら殺られたわけや。追いかけてった側も、その場所にな、どう来るかわからへんから、じーっと待っとるだけや。まあ油断やな。油断は怖いもんやな。

追撃戦に出なかった山広

竹中を殺るまでは、一和会の道具とカネは、ほとんど山広が出しとった。間違いない。しかし山広が、「竹中を殺ったら止めや」て言うてな、それじゃ若い衆も勝手に行くというわけにはいかん。だからなんでそこで、わしらと交代せえへんかったんか。そこの肚のうちが読めなかったんや。

うちの幹部も、わしに言うたよ。「一和はいま勝っとるし、いま行ったら勝てるから」と。でも、山広は行くな言うて止まっとるから、いくら行く言うても、もうダメやと。ストップをかけるんや。向こうの幹部の身辺は、もう調査してたんやから。今なら勝てるというところなのに、カネを出さんのや。

あの日、竹中を殺して帰ってきたあと、後に続こうと若い衆がわっと起ち上がったときに、「もうよそう」と、山広が止めたんや。やめよう思うたんやな。「もうやめや」って。「向こうの四代目が死んだから、もうええ」と。そうなった。山広がそこで「竹中死んで、自分の仇とった」と言うたらしい。

結局、山広の肚は「竹中だけと喧嘩しとるのやから、竹中だけ殺ったらもう関係ない」と、そういうことやったと思う。竹中さえ殺したら、山広はもう、一和会もなんもいらんねん。そういう気持ちやったと思う。

でも、山広の「あいつ憎たらしい、あいつ殺した。あとはわしゃもう関係ないよ、わしゃやめる」という動きは、まわりからしたら困るやろ。自分が引き時やと思うたら、会長をすぐに代わらんとな。戦えん会長いうのはやめて、引退せんとあかん。

ほんま、わしが代わったろかって思うたで。ところが、そこは代われないんやな。そこがみんなからすれば、不思議でしゃあない。自分はやることやったんやから、もう代わってもええやん。そういう風に思うやろ？　でも、その肚の中が読めない。みんな、山広の肚の中が読めないんや。

「一和会・加茂田会長」誕生の話も

一和会を作って山広と一緒にやるというときに、山広との話し合いで出てたのは、一和会の親分をどうするかという話や。話し合いをして、結局山広が会長でわしが理事長という形で一和会を作った。

実際、竹中を殺した年、わしが一和会の会長になるいう話が出た。山広が引退して、代わりにわしが会長になる話があった。

ところが、山広は引退しなかった。闘うどころか、会長に残って抗争を「止めえ、止めえ」言うねんな。これおかしいやないか。やるときは一挙に行けと、そうしたら勝っとったよ。しかしなんで山広が引退しなかったか、憶測やけどその理由を言うたら、自分が引退したらタマ取られると思うてたというのはあるやろ。そのまま引退せんどいたら、少なくとも身柄は護ってもらえる、というわけや。

けど、それは自分の身を護りたい打算やろ。会長を続けるのがえらかった（大変だった）ら、引退すりゃええねん、心配やったら警護したるから。でも引退しないんやな。

闘うということで、「加茂田一和会」になったらそれでええやんか、と思うわ。けど、それはしなかった。しないままでいたのは、山広が会長としてずっと残っとるからや。会長をそのときわしに交代しとったら、そしたら勝ち負けで言えば勝てたかもしれんと思うな。

昭和六十（一九八五）年一月二十六日午後九時十五分　竹中正久（四代目山口組組長）は中山勝正（四代目山口組若頭、豪友会会長）と南力（四代目山口組若中、組長秘書、南組組長）とともに、大阪府吹田市のマンション「GSハイム第二江坂」の一階エレベーター前で一和会系組員の長尾直美、立花和夫、田辺豊記に銃撃された。南は即死。竹中正久は銃弾三発を受けるも、自力で乗用車に乗り込み、大阪南区の南組事務所へ移動。中山は現場から救急車で搬送。午後九時三十分、竹中正久は南組事務所に到着、大阪警察病院に搬送された。

一月二十七日午前一時七分　中山勝正（四代目山口組若頭、豪友会会長）死去。その後、岡崎文夫（勝友連合会長）が豪友会を継承した。

一月二十七日午後十一時二十五分　竹中正久（四代目組長）死去。

一月二十八日夜　神戸市灘区の旧田岡邸で、竹中正久の仮通夜。

一月三十一日　竹中正久密葬。

二月一日　竹中武（竹中組組長）、賭博開帳図利で逮捕。その後、竹中武は長期の勾留に。

二月五日　山口組定例会で中西一男（四代目山口組舎弟頭、中西組組長）が四代目山口組組長代行に、渡辺芳則（四代目山口組若頭補佐、二代目山健組組長）が山口組若頭に就任。

二月十九日　山口組系組員が一和会系組員を拉致、暴行。

二月二十三日　高知市で、山口組豪友会組員が一和会中井組の三名を銃撃、二名を射殺、一名に重傷。

三月二日　高知県警、岡崎文夫（二代目豪友会会長）を逮捕。

三月五日　大阪市西成区の一和会溝橋組事務所に襲撃、一名重傷。

三月六日　三重県四日市市で、一和会系組員が銃撃され死亡。

三月十七日　一和会中井組組員らは、山口組豪友会岸本組事務所に侵入し銃撃、豪友会系組員死亡。

三月二十四日　甲子園球場の駐車場で、竹中組組員が露店を出していた大川覚（一和会特別相談役、大川組組長）の長男を銃撃（大川の長男は一和会とは無関係）。

三月下旬　三月二十四日の事件を受け、祭礼や催事での露店の出店が制限されはじめた。

四月四日　山口組豪友会系組員が、宅配便配達員を装い一和会中井組事務所を襲撃、一名死亡、一名重傷。

この時期までに高知県警は、県内五四〇名の暴力団員のうち、一八一名を逮捕。

四月五日午後三時　山口組定例会、直系組長八五名（うち代理出席は一八名）に対し、北海道の誠友会が山口組に参画することを発表。

四月十二日　山口組弘道会系組員ら三名が、名古屋市で一和会水谷一家系組員を拉致し、警察に電話して「水谷一家が一時間以内に解散届を出すのならば、組員を解放する」と伝えた。水谷一家は解散を拒否。

四月十三日　山口組弘道会系組員らは、前日拉致した一和会水谷一家系組員を一名射殺。

四月十四日　一和会、定例会を開催。

同日　吉田好延（一和会副幹事長）は、定例会から帰る途中、国鉄三ノ宮駅前の交差点で停車中、佐藤明義（山口組後藤組幹部）に銃撃された。吉田は無事も、同乗の組員二名が負傷。

四月十八日　石間春夫（誠友会会長）は北海道同行会からの脱退を同会に伝えるが、北海道同行会は回答を保留。

四月二十一日　山口組二代目山健組系組員二名が、大阪市淀川区の一和会加茂田組西林組事務所に、拳銃五発を発射。園田卓磨（一和会加茂田組西林組若頭）が全治三週間のケガを負った。

四月二十三日未明　和歌山市、山口組二代目山健組系組員が一和会系組員を射殺。同日午後六時過ぎ　神戸市、山口組二代目山健組系組員らに対し加茂田組組員が車より発砲、三名を負傷させる。通行中の一般人も被弾し重傷。山一抗争で初めて市民が巻き込まれた。

四月二十八日午後四時過ぎ　神戸市長田区の加茂田組事務所付近で、同組組員が山口組二代目山健組系幹部に銃撃され重傷。

自宅に灯油撒布

山口組と一和会の分裂になってから、うちの若い衆が撃たれた。わしの家の前で。公衆電話で電話してたときに撃たれた。当時の山口組の若い衆が、なんか情報入れていた。

地元の番町だったんやけど、撃たれたわ。その事件のあとは、家の当番が、毎日わしに「あいつを見てこい、家行って見てこい、おったらその場で殺せ」と言われとったから、毎日行ってたそうや。でも、向こうも逃げとったらしい。

わしの息子が向こうの人間に逃げてたときのこと聞いたで。「生きた心地せいへんかった」って言うとったらしい。立ち食い行っても、客が入ってくると、「わしを狙うてきたんか？」と、そういう目で見てまうって。もう相手がサラリーマンでもやで。何年間かずっと逃げとったから。

でもあの件は本当に頭にきとった。毎日毎日言うてたわ。「見つけたらかまへんから殺せ」って。いくら反目やからと言うても、やりようというもんがあると思った。向こうは向こうで、「言われたらしょうがないことやから」って言ってたわな。それを許すのはずっとできんかった。でもわしが引退して神戸に帰ってきてからは、向こうもわしの家に来たりとか、しょっちゅう顔を合わせるようにもなった。「親分とは言われへんけどおやっさんと呼ばせてもらいます」って言うて。

あとは、わしの家に灯油を撒かれたりもした。息子が二階で若い衆とゲームしてたら、なんかけったいな水みたいなもんが落ちてきたが、それが灯油やったんや。そういうこともあった。息子はそのまま娘の家に泊まりに行ったんかな。灯油が上から落ちてきて、というやりかたからして、屋根伝いに来たんやろな。

長屋みたいな形で屋根が連なってるのを、そこをたぶん走ってきてやったんやな。そりゃ騒ぎになった。それは憶えとるわ。

抗争と家族

子どもたちも今でこそしゃべれるやろうが、「当時は誰にも抗争の話をしゃべったことない」言うとった。わしに「学校行ったんか？」とか言われて「行きました」言うてたけど、実際に行かれへんこともあったんや。でもわしは授業参観とか、運動会やらはよう行っとったで。子どもは迷惑やったかな？　でも積極的に行っとった。そういう行事には、わしは毛皮の上着を着て、若い衆が四十〜五十人も付いてくる。

部屋住みは六人の半年交代制という形やった、抗争になる前はね。抗争になってから多くなった。二十人ぐらいおったね。半年で交代や。毎日人がおったやろ、一和会の頃は。抗争のときは直轄の人も全部入れてた。寝泊りというか、待機やな。

抗争中は子どもたちがいちばん嫌やったろ。息子にもずっと若い衆を二人、付けとったから。学校に行くのも誘拐される危険があったから、抗争の一番激しいときは学校行けなかったはずや。実際に竹中組が、大川覚（一和会特別相談役、大川組組長）の長男（一和会とは無関係の露店商）を銃撃して、重傷を負わせとるし。

うちも、息子がゴルフをしてたんやけど、ゴルフ場も偽名で行ってたらしい。本名では捕捉されてまうし、関西はすぐ人をさらうから。

下の息子は小学校の四年生のとき、一年ぐらい行けなかったと言うとる。で、中二ぐらいで組がなくなったのかな、もう、うれしくてうれしくてしゃあないと。どこでも好きなとこ行けるから。

昭和六十（一九八五）年五月五日　山口組紺屋組組員らが一和会加茂田組宮原組傘下の奥原組事務所に宅配便の配送員を装い押し入り、拳銃を乱射。一名射殺、一名重傷。

同日　大阪市中央区の山口組岸本組事務所横の路地で、同組組員が何者かに射殺。

五月二十日　神戸市東灘区の山本広宅で、山口組後藤組、山口組美尾組の組員三名が、ダンプカーで突入を図るも、兵庫県警機動隊員に阻止された。

六月二十三日　高松市で、山口組一心会組員と山口組一心会南声会組員が、一和会山広組組員を射殺。

七月　石間春夫（誠友会会長）は四代目山口組舎弟待遇となり、山口組に参加。

七月六日　溝橋正夫（一和会常任顧問、溝橋組組長）が引退。

七月十九日　中井一夫・元神戸市長の仲裁により同年八月二十八日に開かれるユニバーシアード神戸大会のために、山口組と一和会が休戦に合意。

七月二十一日　高知市で、山口組豪友会系組員が就寝中に、右手と右脇腹を銃撃されて重傷。

稲川会との北見抗争

竹中正久の四代目就任挨拶と、一和の記者会見が昭和五十九年の六月五日のことや。それで、六月十三日に一和会の結成、七月十日が四代目の襲名式や。その七月の二日に、うちの花田組の枝が、北見で稲川会と揉めとる。

うちの大西組（加茂田組傘下の花田組系）の事務所に、星川組（稲川会系岸本組の傘下）が散弾銃を撃ち込んだんや。これはすぐに収めたんやけど、遺恨が残った。

で、昭和六十年の七月三十日、偶然やけど、花田章本人と星川濠希がスナックで会うて、口喧嘩になっとる。これが北見抗争の発端や。けれども、昭和六十年の七月いうたら、神戸のユニバーシアードで一和会と山口組が休戦（中井一夫・元神戸市長の提言によ る）しとるときや。そやから、稲川会が抗争に参入したとか、いろいろ噂が飛びかった。

口喧嘩の中身は要するに、星川組の若い衆が職安を相手取って起こした訴訟の件で、花田が星川を批判したのがきっかけやという。でな、すぐ次の日に抗争勃発や。花田は自分の嫁と一緒にスーパーマーケットにおったところを撃たれた。ボディガードも撃たれて、花田は病院で死んだ。

すぐに飯田が北見に飛んで、喧嘩の準備に入ったわけや。稲川会も関東から入ってて、もう一触即発の状態やね。わしは保釈中やったから、自分ではよう動けん。花田の葬式もせやから飯田を名代にしてね、しかし一和会としてもメンツを揃えてな、組は若頭の丹羽勝治に継がせた。

このときわしは、「絶対に報復をせんと収まらんぞ」と、そう言うとった。花田は言うてみたら、山口組の北海道進出の足掛かりになった者や。わしの組の大幹部（舎弟頭補佐）やろ。それがやられたままで、なんの弔いができるかということや。仇取ったらなあかん。そうでないと花田の組の者たちも可哀想やろ。

しかしこのときはね、稲川会は（山一抗争を）仲裁する立場におる組織やしということで、山広と松本勝美、相談役の大川、それに北山も、わしを抑えにまわった。それだけやない、関東二十日会の国粋会と松葉会も動いて手打ちが工作されたんや。で、八月の終わりに小樽で手打ちになった。この手打ちはもう、悔しゅうてやりきれんかった。

手打ちの結果、地位を得た一和会

ただ、一和会としては関東二十日会の国粋会と松葉会に間に入ってもらうことで、任俠界で地位を得たことになった。山口組が「義絶状」を出したことで、一和会は山口組に絶縁された立場いうことになっとったわけやけども、これで一和会は関東の組織に存在を認められたからな。しかも稲川会と五分の手打ちをすることで、稲川会にも任俠団体として認められた。これは非常に大きかった。

山口組の者たちは週刊誌の記事で一和会を「笑うとる」とか「死んだも同然」とか言いよったけど、実は一部の幹部は焦っとった。これで、稲川会から「鉾先を収めてくれ」言われたら、断われなくなった。一和会の存在を認めなんだら、かえって孤立するんは山口組ということになるからな。せやからわしも、はらわたは煮えくり返っとったけど、この手打ちに応じたわけや。

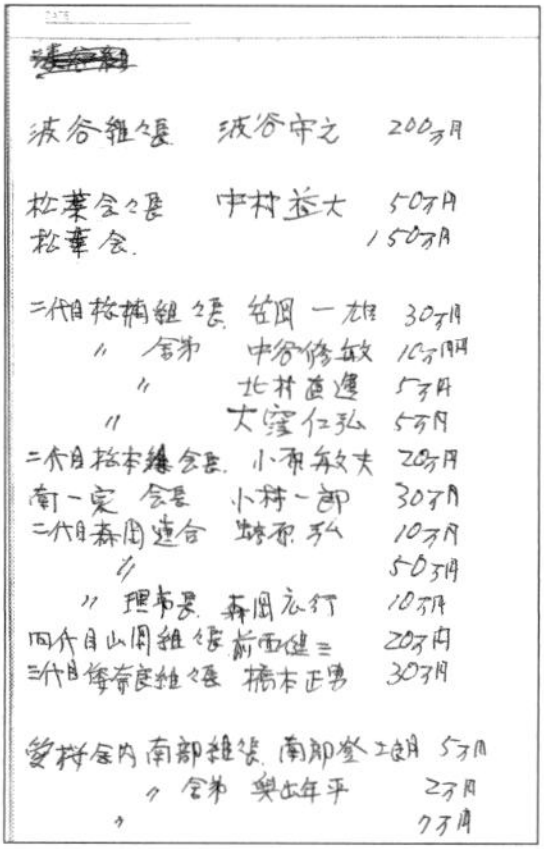
波谷組々長　波谷守之　200万円

松葉会々長　中村益大　50万円
松葉会　150万円

二代目桜楠組々長　岩田一雄　30万円
〃　舎弟　中谷修敏　10万円
〃　北村直達　5万円
〃　大宮仁弘　5万円
二代目松本組会長　小那舞敏夫　20万円
南一家　会長　小林一郎　30万円
二代目森田連合　竹原弘　10万円
〃　50万円
〃　理事長　森田広行　10万円
四代目山田組組長　前西健三　20万円
三代目倭奈良組組長　橋本正男　30万円

愛桜会内南部組組長　南部登士郎　5万円
〃　舎弟　奥山年平　2万円
〃　7万円

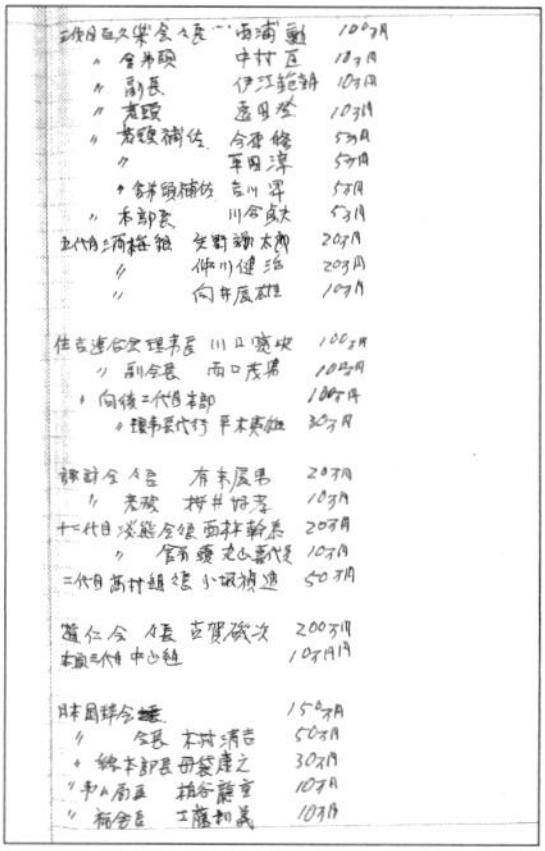

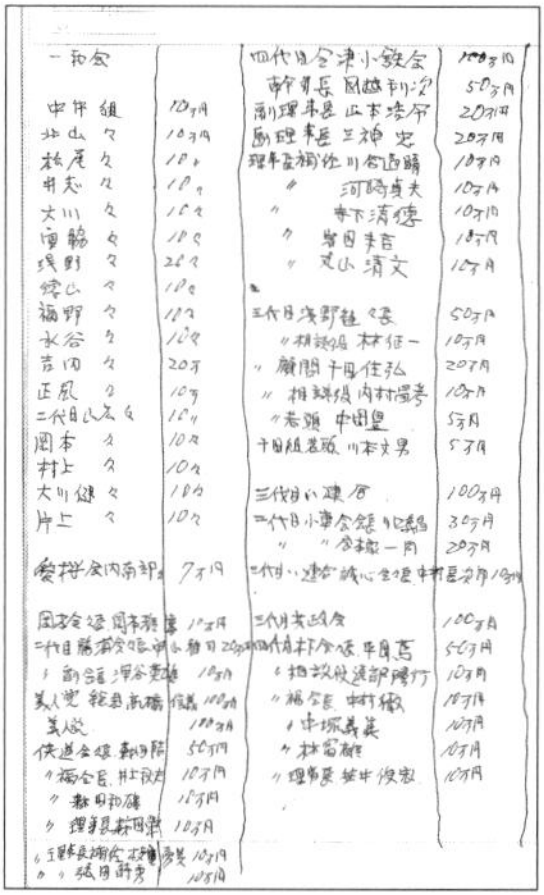

加茂田重政の出所祝いにおける、自筆のノート。各組織からの義理がけが細かに記されている。山一抗争の最中であっても、様々な組織との交流があったことがうかがえる。

しかし、花田の者たちが勝手にやる分には、抑えは効かんわ。それで十一月になって、星川ともう一人、北見のキャバレーで殺っとる［※注6］。これはしかし、しゃあないやろ。最終的な手打ちには、佐々木道雄にえらい苦労をかけた。

しかし、いろいろ苦労もあったが、結果としては立場ができたというのもあって、「義絶状」なんてもんが出とったけど、あれはもうどうでもええ、となった。わしとことの付き合いも、結構派手にやることがみなできるようになったから。

［注6］十一月十九日に花田組の幹部三人が北見市内のキャバレー「北海道」で、星川濠希と星川組幹部を射殺。手打ち破りとなった事態に、星川組も花田組幹部を酒屋裏の駐車場で射殺し（十二月十一日）、さらに翌日も花田組系の組員が銃撃を受けている。結局、抗争が終結したのは翌年一月十五日だった。

八月一日　北見抗争。北海道北見市で花田章（加茂田組花田組組長）が稲川会稲川一家岸本組星川組幹部に銃撃され、四日に花田は死亡。五日、飯田時雄（加茂田組若頭、飯田組組長）が北海道へ。八日に花田密葬。

八月二十六日　加茂田組花田組と稲川会稲川一家岸本組、手打ち。

十月二十七日　鳥取県倉吉市、山口組竹中組系組員が女装して赤坂進（一和会幹事長補佐、赤坂組組長）を呼び出し、別の山口組竹中組系組員が赤坂と一和会系組員を射殺、他に一名重傷。

十一月　暴力団への締め付けが厳しくなり、競馬場、競輪場などへの暴力団員の立ち入り禁止の動きが出はじめる。

十一月十九日　北見抗争の再燃。北海道北見市、花田組組員三名が星川濠希（稲川会稲川一家岸本組星川組組長）と星川組組員を射殺。

十二月十一日　北海道北見市、稲川会稲川一家岸本組星川組組員が一和会加茂田組花田組組員を射殺。

十二月二十日　神戸市中央区の一和会本部前で、一和会系組員二名が銃撃され、うち一名死亡、もう一名は重傷。

十二月二十五日　神戸市、三ノ宮駅前で北山悟（一和会組織委員長、北山組組長）が、三人組の男に銃撃され負傷。

報復の連鎖──両者手打ちならず

ちょうど三代目の姐さんが亡くなったあとで、抗争がいったん和解になりかけた頃、竹中の墓前でね、うちが殺ってしもうとる（昭和六十一年二月二十七日）。あれは花田のとこや。結局あれで、手打ちになろうとしてた流れが変わった。

わしは知らんかったけど、しゃあないと思うたわ。だいたい、いつどこに行くとか、誰を殺りに行くとか、こっちが知るわけがない。竹中のときも同じや。向こうもそうやろ。仇討ちやったら、知っておっても止められるもんやない。

それに、稲川会の総裁（稲川聖城・稲川会総裁）と会長（石井隆匡・稲川会会長）が動いて、和解の段取りができてるいうても、墓前事件の三日前に向こうは別府で銃撃しとるから（山口組石井組石友会組員が、稲葉実〈一和会稲葉一家組長〉を銃撃）。どっちも統制が取れてないわけやろ。

そやから、墓前の事件が手打ちを壊したとかいうても、向こう（山口組）も竹中武（四代目山口組若中、二代目竹中組組長）を説得できてないということになる。その前に竹中組は、一月にはうちの小野（敏文・一和会加茂田組舎弟、小野会会長）を、加古川の自宅で殺しとるわけで、墓前の殺しは、小野の件が尾を引いとると思うわ。

和歌山でも殺しとる（松岡勤〈一和会松美会吉田組組員〉が山口組に、和歌山市畑屋敷の交差点内で射殺される）。それで和解もなにもないやろ。

抗争は始めるのは簡単やけど、収めるのが難しいというええ例や。

せやから、ほんまはトップで話をつけなならんかったんやけど、だけどまとめられるトップがおらんかった。

あえて加茂田重政を狙わなかった山口組

喧嘩やからしゃあないけど、若い衆をぎょうさん殺し合いに行かせて、死体の山を築いてええんかと。「来たら行く」とは言うたけど、こっちから行ったわけやないねんで。来るんやったら、わしのところに来いと。な？

当時、わしはいつも言うてた。「本気でやるなら、わしを殺りに来い」と。「大将を狙うてきたらええやないか」と。せやけど、山口組は誘うたりする。ほんま正々堂々と来んかいと言いたかった。

あとから聞いたけど「加茂田（重政）は殺るな、若い衆から崩していけ。あれを殺ったら一和会が本気になる。加茂田組が手負いになってどないもならなくなる。加茂田組は本気にならさんと、外から崩していけ」という命令やったみたいや、その当時は。わしを殺ったら周りの若い衆が本気になるから、周りから崩していけと。今から考えればなるほどなと思うわ。

一和会のほうが数が多かったけど、こちらは親分と若頭を殺ってもうたから、向こうを本気にさせてもうたというのはあるかもしれん。

昭和六十一（一九八六）年一月十五日　再燃していた北見抗争、終結。

一月二十一日　兵庫県加古川市、山口組竹中組組員二名が、小野敏文（一和会加茂田組舎弟、小野会会長）を自宅において射殺。

一月二十二日　和歌山市、一和会松美会吉田組組員が、赤信号で停車していたところ、山口組小山組組員に銃撃され死亡。

　このころ、稲川聖城・稲川会総裁と石井隆匡・稲川会二代目会長が、病気療養中の田岡文子・三代目山口組組長夫人を見舞い、山口組幹部と会合、一和会との和解を打診。中西一男（四代目山口組組長代行、中西組組長）や渡辺芳則（四代目山口組若頭、二代目山健組組長）らは「同年三月十三日までに、山口組内を和解の方向でまとめる」と回答。

　一月二十四日午後十時四十三分　田岡文子が死去。

　二月四日　一和会加茂田組系組員、大阪市で銃撃され死亡。

　二月二十七日　兵庫県姫路市、竹中正久（四代目山口組組長）の墓前で、加茂田組花田組組員が山口組竹中組組員二名を射殺。これによって、山口組と一和会との和解は絶望的に。

　五月二十一日午後十一時三十分過ぎ　大阪市内の路上で、山口組竹中組組員二名が、中川宣治（一和会副本部長、中川連合会会長）を射殺。

　六月五日　石井隆匡・稲川会二代目会長は山口組最高幹部と面談、一和会との和解を再度要請。

六月十五日　山口組、山一抗争の終結を受け入れる意向を示す。

六月十九日　竹中武（山口組二代目竹中組組長）、保釈。

七月十二日　福岡市で、竹中正久（四代目山口組組長）射殺事件の主犯と目されていた石川裕雄（一和会常任理事、悟道連合会会長）が逮捕。

七月二十四日　渡辺芳則（四代目山口組若頭、二代目山健組組長）、兵庫県警から指名手配。

八月六日　大分県別府市で、稲葉一家組員が山口組系組員を銃撃、重傷を負わせる。

八月十八日　兵庫県警、同県議会にて「山一抗争は事実上終息状況にある」と発言。

十一月十三日　最高裁は加茂田重政の上告を棄却、常習賭博罪での懲役一年が確定。

昭和六十二（一九八七）年二月二日　サイパン島のバンザイクリフ沖で、白神英雄（一和会常任顧問、白神組組長）の射殺死体を発見。

抗争の終結宣言

解散は山口組との抗争が理由やなくて、こっちの事情やから。手打ちの話は、昭和六十一年の六月にほとんど決まっとった。それぞれが抗争終結宣言を出すいうことになっとったけど、まあ手打ちや。

先にも言うたが、あの年は一月に姐さんが亡くなって、抗争終結のムードがあった。ところが、うちの花田組が竹中の墓前で二人殺った（二月二十七日）あと、竹中組が中川宣治（一和会副本部長、中川連合会会長）をミナミで殺しとる（五月二十一日）。

抗争いうもんは知ってのとおり、わしら上のもんがいちいち「あいつを殺れ」「あそこの親分を殺ってこい」とか言うもんやない。けど、やられたら、確実に報復をする。であればこそ、わしらは若い衆を抑えに動かなならんわけや。わしらは喧嘩で負けてないしな。

せやけど、一和会全体を見ると、動かない、喧嘩をようせん枝の組織もある。そういった足並みの問題もあって、山広も収拾に動いてたわけや。先に言うた北見の抗争が、手打ちの根拠になった。稲川会も関東の組織も、一和会を任俠団体として認めたわけやから、山口組も無視するわけにはいかん。むしろ、向こうのほうが焦ってたんやろ、手打ちへの動きがわしらよりも活発やった。

ところが、六月に竹中武が保釈になって出てきた。これで、手打ちの話は決まっとったのに、山口組が内部で揉めてもうた。竹中武は実兄（竹中正久）を殺られとるから、一和会との手打ちに反対しとるわけや。

手打ちの話（昭和六十二〈一九八七〉年二月八日に山口組が、二月十日に一和会が終結宣言を発表）は、稲川総裁が仲裁に動いて、山口組のほうが先に二月八日に内部通達を出しとった。「一和会と事を構えるな」と。山口組の幹部連中が上京して、稲川会にそれを報告したのが九日。わしらのほうに話が来たのが十日や。

十月に稲川会の石井二代目会長が大阪に来て、仲裁役の髙山登久太郎会長（四代目会津小鉄会会長）を訪ねて、山口組の意向を伝えた。で、髙山会長が一和会にやってきた。「山口組は抗争を終結しました、一和会さんはいかがですか」と伝えたわけや。それで「了解しました」と応えて、終わりや。髙山会長もホッとしとったな。

順序からいえば、わしらから仕掛けた喧嘩やから、わしらのほうからは言い出せんのや。

こちらから「手を打ってくれ」言うたら、降伏することになるからね。それが向こうから「終わりにします」というわけになったのやから、こっちもこれ以上やって、世間様に迷惑をかけるのは得策やないと考えた。もう暴対法みたいなのが出てくるのは、目に見えとった。「このままやっとったら、かならず極道は潰されるぞ」と、そう思うとった。

そういうところは、山口組にもあったやろうし、関東の親分衆も感じておったやろ。「終結になって、良かったですね」っちゅう連絡ばっかしやった。「そうか、わしらはこの人たちにも迷惑をかけてたんやなあ」と、そう思うしかなかった。抗争を長びかせて、申し訳ない気分やった。

それにわし、博打の一件で収監前の身やった。前の年の十一月に結審して判決が確定しとるからね、懲役一年の。それが歯槽膿漏の治療で延びてたんや。治療もちょうど終わって喧嘩は終結やし、これでもう思い残すことはない。抗争が続いとったら、中におっても気が気やないから。

終結が決まって、関東には礼に行った。それで改めてわかったのは、関東と関西の違いやった。関東は縄張りがシマとして、きっちり決まってるんやなぁと。そらもう線で引いたようにきっちり決まっとる。関西は入り乱れとるから、力関係で今日はこっち、明日はあっち、その先はようわからんという具合やし、関東はきちんと昔から親睦会があって、関東は親分を殺ったら処分されるやろ。だけど抗争になったら関西では勲章や。

今は知らんが、昔は関東には二十日会があって、関東同士の組織が揉めたら二十日会の当番組織がきちんと間に入る、と聞いとった。関西にも昔は阪神懇親会があったんや。けど、そんな間に入る時の氏神は今はおらんしな。

【攻防の推移と手打ち】

組長と若頭を失った山口組の総反撃の前に、一和会は押しまくられた。また、菱の代紋の威力はすさまじく、シノギの面でも一和会は圧伏されていた。

しかし、加茂田組、中井組を中心にした一和会の応戦もあり、山口組も一和会との手打ちを迫られていた。一和会にとっては義絶状を廻された立場から、任侠組織として山口組に承認させるところまでたどり着いた。だが、手打ちは容易には成就しなかった。

そして、山口組と一和会の手打ち後も、親である竹中正久（四代目山口組組長）を討たれた竹中組は一和会を攻撃し、やがては山口組と竹中組の抗争に発展することになる。

昭和六十三（一九八七）年二月四日　山口組執行部、山一抗争終結の意向を伝えるも竹中武（四代目山口組若中、二代目竹中組組長）は反対。

二月八日　山口組本家で山口組定例会が開かれ、山一抗争終結の決定を発表。

二月九日　中西一男（四代目山口組組長代行、中西組組長）ら山口組幹部は上京して、石井隆匡・稲川会二代目会長に山一抗争終結の決定を伝えた。

二月十日　石井隆匡・稲川会二代目会長が京都に行き、高山登久太郎・会津小鉄会四代目会長に山口組の抗争終結決定を伝達。

同日　高山登久太郎・会津小鉄会四代目会長は一和会本部に行き、山本広（一和会会長）ら一和会直系組長三四名に、山口組の抗争終結決定を伝達。山本広は一和会の山一抗争終結の決定を高山会長に伝達。

この後、竹中武（四代目山口組若中、二代目竹中組組長）は山口組執行部に、一和会との抗争継続の意志を示し、山口組からの脱退を申し出た。山口組執行部は竹中武を説得。

六月　佐々木道雄（一和会幹事長、佐々木組組長）に、恐喝罪での懲役三年が確定、佐々木は府中刑務所に服役。

六月十三日午後十一時　大阪府枚方市で、一和会系組員二名が、食事中だった池田一男（山口組二代目山健組中野会副会長）を射殺した。中野太郎（山口組二代目山健組中野会会長）は池田殺害を、砂子川組（山本英貴組長）の犯行と誤認。

六月二十二日　大分県別府市、山口組系組員が一和会系組員を拳銃で射殺。

九月十四日　岡山地裁は、竹中武（山口組二代目竹中組組長）に無罪判決。

十一月二十六日　神戸市灘区の山口組本家で、中山勝正（四代目山口組若頭、豪友会会長）と南力（四代目山口組若中、組長秘書、南組組長）の合同組葬。

昭和六十三（一九八八）年一月三日　神戸市の一和会山広組事務所の駐車場で、浜西時雄（一和会山広組事務局長）、山口組二代目山健組組員二名を射殺。

二月十六日　加茂田重政が神戸刑務所から出所した。

二月十七日　山本広（一和会会長）が加茂田重政の出所を祝う（一六九頁のノートはこ

のときのもの）。

同日　神戸市東灘区の山本広（一和会会長）自宅近くの路上、増田国明（山口組二代目竹中組若頭補佐）と西浦恵信（山口組竹中組増田組組員）の二名より、拳銃四挺、アメリカ軍用M六七型手榴弾二個、実弾二五発が押収される。

四月十一日　札幌市のススキノで、丹羽勝治（一和会加茂田組二代目花田組組長）が山口組弘道会系組長ら二名に銃撃され射殺。

五月七日　加茂田重政、引退と加茂田組の解散を表明。このころ、一和会の組員数は約六五〇名となっていた。

抗争のエスカレーションがもたらしたもの

わしが思うには、どこかの時点でヤクザの喧嘩ならやってはならん、踏み越えてはならん一線を越えてもうたわけや。それは一つには、竹中と中山たちを殺って山口組を本気にさせたとき、そのあとに一気に攻勢に出て終いにしなかったから、戦争になってもうて、喧嘩の一線を越えたのかもしれんが、それはようわからん。

　もう一つは、一般市民を巻き込んでしもうとることや。ほんまもんの戦争と一緒で、罪のない一般人に被害を出しとる。わしらで言うたら、山健組本部での銃撃のときに一般市民（団体職員）に弾を当ててる（昭和六十〈一九八五〉年四月）。山口組は一和会の幹部の息子やというだけで、露店商を撃っとる（同年三月）。

　それに山口組は、警官も撃っとるしな。竹中組にいたっては、自動小銃で三人も銃撃してるやろ。警官が防弾チョッキを着けてなければ、あれ即死やからな。

　戦争体験のところでも言うたけど、喧嘩なら勝っても負けても、そこには引き際も手打ちもある。でも、山一抗争は際限がなくなっとって、使う武器がえらいことになってた。ロケットランチャーやら機関銃、手榴弾やらや。

　せやから、わしに責められるべき非があるとすれば、やはり早期の段階で収拾せんで喧嘩したことやないかな。

一和会解散と引退

　解散の件は、もう組織に変化が来ておったからや。竹中武から打診があったときも、まだ北海道の丹羽勝治（二代目花田組組長）殺しの報復の件（弘道会との抗争）が片付いてなかったから、それを待てと言うてた。

それにしても、組織の改変やとか、若い世代への切り替え、もしも解散した場合の若い衆の処遇、身の振り方、そういったものを、きちんと根回ししてからやないと解散なんどできるもんやない。それで、そのあたりの細かいことについてはもう、わし自身墓場まで持っていくしかないところもある。

加茂田組はやっぱり、わしの個性で持ってた組織やから、誰に継がすというのは考えてなかった。若い衆に継がせて、それで楽をしたいというのもなかった。山口組との抗争を前面でやったわけやし、北海道（北見）での稲川会との抗争もあって二方面作戦やった。その間に赤落ち（刑務所へ服役）やろ。そら多少は疲れもあったわな、歳も五十代の後半に入ってくると。それで解散や。心残りが出てきたんは、やめてからだいぶ経ってからや。解散のそのときは、もうやることはやった、やり遂げて終わりやと思うとった。燃え尽きたというところやな。

加茂田組解散の理由

世間では加茂田組が解散した経緯っていうのが「命を落としたくないから助けてくれ」って言ったみたいなことが出てるけど、それは絶対にない。

アホらしなった、というのはあった。息子の連れに、後からやけど、「振り返ってみても誰も喧嘩せん」って愚痴ったこともある。「わしの組と竹中らを殺るまでの山広のとこ以外、どこも行けへん。ほかで頑張ったのは高知の中井のとこだけや」と。わしとこ以外は、中井のとこがやってるだけで、なにかあれば全部わしとこに「行け」言うて、そんなんでアホらしくなって喧嘩する気がのうなったわ。わしらは北海道でも揉めたり、いろいろやっとるから。稲川会とまで揉めたりもしとるのに。

そういえば、北見で花田のところの報復で、殺したやろ。あれが部屋住みの若い衆やった。わしの言葉に影響されて行ったらしい。二十歳とか二十一歳とか、そんなんちゃうか。あれが部屋住みに来てた時期、わしがよくマスコミにインタビューとかされてたやろ。そのときに「自分の親を殺られて仕返ししたのは誰もおれへん」言うたんが、その者の頭にすごく残っとったらしい。自分の親分がそういうことをされたからの報復で、「あの親分の言葉がなかったら自分は行ってない」みたいなことを言うてた。

加茂田組が解散した本当の理由は、そのときの若頭やった大嶋巽（加茂田組若頭、大嶋組組長）がわしの組をある程度まとめる、ということで山口組と話ができてたわけや。だからある程度の組員を大嶋のほうに寄せて、組を出て、もう一度山口組に加入する。そういう形で移籍をするということやった。だから幹部が組をボイコットしとるみたいになるわけや。一見なし崩しの解散やけど、そこには計画があった。大嶋が若頭になって、大嶋が裏で絵を描いて、わしが全然知らんとこで話が進んでたみたいなかたちにしてた。大嶋はもともといた益田組に戻って、そのあと五代目の直参に上がっとる。

わしの下に最後まで残ったのは神戸の若い衆だけで、これはもうわしにしか、よう付いて行かん。若い衆の人数は二十人弱くらい。これは引退したあとも面倒見てたし、近くにおった。今でも、みんな顔見に来たりとかはある。

そこからはしばらく東京におって、そのあとは韓国に行った。韓国行ったらいろいろ言われることもないしな。

昭和六十三（一九八八）年五月十四日午前二時三十分　神戸市東灘区において安東美樹（山口組竹中組安東会会長）らは山本広（一和会会長）宅を襲撃のため、警備していたパトカーに自動小銃や拳銃を二十数発発射。警察官三名、二週間から五カ月の重傷。

五月二十四日　兵庫県警、山本広宅前で三名の警察官を銃撃した犯人を、安東美樹と断定。

同日　警察庁は全国の暴力団取締担当責任者を集めて、「全国暴力団取締り主管課長会議」を開催。金沢昭雄・警察庁長官は山口組壊滅のために、徹底的な集中取締りを指示。

六月十日　長崎県佐世保市の福野隆（一和会理事長補佐、福野組組長）が、一和会から脱退。

六月十六日　名古屋市の中村清（一和会常任幹事、中村組組長）が引退し、組を解散。

七月四日　一和会は三日間、鹿児島県に観光旅行に出かけた。結束を固めるための旅行が山本広（一和会会長）を引退させることに繋がる。

七月十二日　大阪市住吉区の松尾三郎（一和会風紀委員長、松尾組組長）宅前で、松尾が三名のボディガードとともに、一和会大川組組員二名に銃撃され、一和会大川組組員が重傷。大川健（一和会常任幹事、大川健組組長）は一和会解散に反対。

七月十五日　松尾三郎、北山悟（一和会組織委員長、北山組組長）、井志繁雅（一和会特別相談役、井志組組長）、坂井奈良芳（一和会特別相談役、坂井組組長）、大川覚（一和会特別相談役、大川組組長）、河内山憲法（一和会本部長、河内山組組長）、浅野二郎（一和会理事長補佐、浅野組組長）、徳山三郎（一和会理事長補佐、徳山組組長）、吉田好延（一

加茂田重政と、飯田時雄の跡を継いで若頭となった大嶋巽（大嶋組組長）。

和会副幹事長）、末次正宏（一和会事務局長）、片上三郎（一和会常任理事）らが、一和会から脱退した。

十月四日　加茂田俊治（一和会理事長補佐、神竜会会長）、大川健（一和会常任幹事、大川健組組長）が一和会を脱退。

平成元（一九八九）年三月十六日　山本広（一和会会長）が髙山登久太郎・四代目会津小鉄会会長邸で、山口組若頭の渡辺芳則（四代目山口組若頭、二代目山健組組長）と会見し、一和会の解散と引退を伝える。

三月十九日　山本広が神戸東灘署に解散届を提出する。

三月三十日　山本広は稲川聖城・稲川会総裁の尽力により、稲川裕紘・稲川会本部長（稲川聖城の実子、のち稲川会三代目会長）に伴われ、山口組本家で田岡一雄・三代目山口組組長の位牌に焼香した。

第五章　引退、その後

韓国・七星会との交わり

一和会が分裂する前から韓国には頻繁に行っとった。韓国のマフィア、七星会のボスと一緒におった。映画（『友へ　チング』クァク・キョンテク監督・二〇〇一年韓国）のモデルにもなった人や。

韓国で遊ぶカネは、なくなったら「送ってこい」って言うて。何億、いや何十億というくらい使ってるんちゃうかな、賭け事で散財したのも入れたら。ごっつう負けて帰りの飛行機代もなくなって、嫁に電話して飛行機代送ってもらったこともあった。韓国にずっと女を置いといたりもした。こっち（日本）にいたら目立つから韓国に行ったと、そういうことばっかり言われとったらしいけど、もともとしょっちゅう行っとった場所やし、結局四〜五年ぐらいは行ったんちゃうか。

三カ月に一回は日本に帰ってきとったよ。それですぐまた韓国に行って。韓国と日本、どっちが自分の家かわからん状態やった。向こうの彼女に商売させて。喫茶店を釜山で。釜山なら九州からすぐ行けるから。

妹も二日ほど呼んだけど、「じっと部屋におらせてくれないもん」と言うとった。朝になったら電話かけて、「サウナ行ってこい」とか「美容院行ってこい」とか。で、晩になったら、「早う出てこい、飯行くぞ」とか。わしはサービス精神が旺盛やから。

入国のときは、空港では特別な人間、たとえば大使みたいのしか、特別なゲートから出れんが、わしが飛行機から降りると、特別な車両が来て、敬礼してくれた。「加茂田先生、こちらです」って誘導されるんや。向こうでは「顔」やからフリーパスや。韓国にわしの客が来れば、向こうの空港の偉いさんが出てきて、それでもうパスやろ。パスポートなんか見せんでもすぐに入国できた。若い衆を一緒に連れてっても、パスポートだけ渡せば、入管もすぐに預かって読んで、ハンコをすぐに押して、「どうぞ」や。そういう対応やった。

韓国滞在というのは、これは結局のところ、カネを遣いに行ったみたいなもんや。どないいうかな、カネ持っとるから、たかり屋いうか、そんなんが来て、飯食うたり酒飲んだりして、みんなわしがカネを払うとった。だから、いつも何十人か来とったよ、毎日毎日。芸能人が来れば、楽屋で写真撮って。韓国でも日本の芸能人と、それなりの深い付き合いをしてた。そんなことで、何年間もやってたもんだから、カネはぎょうさん遣うたんとちゃうかな。

東京で倒れるも驚異的な回復

韓国に行ったあとは東京。東京には地震（一九九五年の阪神淡路大震災）の一〜二年ぐらい前から、以前の舎弟だった者とかが東京におったんで、その関係でよく行っとった。社長連中とかそういう知り合いも東京にいたしな。初めは行って何日か泊まる感じやったんやけど、飲みに行って女もできて、だんだん、そのまま住もうか、みたいな感じになったんや。

長田で住んでた家はもう売りに出して、そのままそのカネを持って東京に行って。カネがなくなっても、べつに自分ひとりやからどうにでもなるやろ、みたいな感じやった。東京では、今でも当時の写真見て思い出したりもするけど、社長連中と誕生パーティーしてたりとかやったな。なにもないときはパチンコなんかしとったよ。パチンコ店で台がずらっとならんどるやろ？　あれに片っ端からタバコの箱を置いてってな、何台も相手するんや。暇なときはそんなこともしとった。

それで東京に七〜八年、もっとかな。何年くらいおったかな。東京におるとき倒れたんや、正月に。そのときも、付いててくれる人間が何人かおって。あとで聞いたら正月に連絡がつかなくて、電話しても出ないんで、家まで覗きに行ったらわしが低体温で倒れとったと。人間って三二度かなんかになったら亡くなるていうんやが、そのギリギリのとこやった。で、すぐに入院して、先生が家族を呼ぶように言ったんで、子どもらもみんな来た。ほんまに生きるか死ぬかやったんやろうな。子どもらは真冬の雪の中、彦根とか関ヶ原とかあの辺、ずいぶんと雪が降るところを通過して、大変やとクルマを飛ばしてきた。

そのときは血もちょっと吐いとって、体も冷たくなってた。半分死んだような状態やった。それで集中治療室に入ったんやけど、それから一週間もしないうちに体力が戻った。体力が戻ったら、みるみる体も回復していった。そしたら、なんやろ、大学生みたいのがレポートをとりにきた。「人間の体温が三二度になって、そこから復活したのは珍しい」ということらしい。なんかノートみたいのを取り出して記録しとった。途中からごっつう元気になってきた。だからわし、そういう星の下におるというか。運というか、悪運が強いというか、なんべんもそういう目におうてきてるな。

そのときも頭が混乱してたらしいんやけど、そのときに娘婿が言うには「誰が覗いとんのや！　殴り込み来たぞ！」って叫んでたらしい。「撤収、撤収！」とも言うてたらしいから、組の揉め事のときに「撤収や！」って言うたことを思い出して言ってたんやろな。生きるちゅうことにたいしての、本能的な意志が強いんやろな。嫁はせやから「あれは殺しても死ねへんで」って言うてたらしい。笑い話やが。

わしなりに体には気を使うとって、毎日納豆とヨード卵光を食べるというようなこだわりもある。体にいいってものは全部受け入れる。青汁がいいって聞いたら、青汁を何年も飲み続けるとか。それ以外はなんでも食べたいものは食べるんやけど、テレビの話はよう聞いとるな。

わしはなにが体にいいって言われたらそれを信じて食べるほうや。結局素直に話を聞き入れるのが健康にもええと思うとる。いまはマグロの寿司が体にええというのを聞いてるから、ずっとマグロの寿司ばかし食うとる。トロはいらんな。マグロはちょっとサクサクしてるが、赤身の寿司や。そうやってマグロばっかり食うたりとか、これはわし流の健康法の一つや。

だから、生に対する執着って、やっぱりあるんやな。東京におるときは、食べ物へのこだわりはなかったんやけど、倒れてからはさすがに気をつけんとならん、と思うようになった。

東京はどこの病院やったかな、駒沢やったかな。病院でもなんでも東京は高いと家族のもんは言う。倒れたとき、結局一月ぐらい入院して、支払いのときに「ちょっとカネ持ってきてくれ」って、「百万円くらいいちゃうかな」って言うた記憶がある。妹に「手術もなんもしてないのに、そんなにいるの?」って言われたのを憶えとる。

しかし、一見死にかけって感じで、子どもたちが来たときはストレッチャーに乗せられて集中治療室に行ったはずやけど、目も開いてないし、手を触っても冷たくなってたらしい。「大丈夫?」って言ったら首だけ振って、そのまま集中治療室に入ったらしい。それから三日後ぐらいにはもう回復して、先生がビックリしてたわな。「こういうことは絶対に起きないはずだと思ってました」とか言うてた。「脳に障害が残る場合もあるし、体に障害が残ったりとか、植物人間は免れても障害が残るのは覚悟してください」って言われてたらしいから、「そうなったら神戸に連れて帰らないとしゃあないな」っていうのを子どもらは兄弟で話してたと。

なんの障害も残らずに回復したから、家族としてはそれほどうれしいことはないし、よかったなってことになったんやけど、やっぱり東京に一人でいるのもあれやから帰ると決めた。こっちでは、前は嫁がいたとこ、そこに住んだらええということで、帰ってきた。

脚の切断──「切断した左脚を持ってこい!」

左脚を切断したのも東京にいたときで、阪神淡路大震災があって何カ月目やろかな、地下鉄サリン事件の一カ月後ぐらいに子どもたちが東京に来てくれたんや。そのときは、何人か若い衆を連れてクルマ二台で東京駅まで迎えに行って、ホテルオークラを子どもたちのために取ってた。そこに一緒に泊まったんやけど、そのときは足を引きずっとったんで、「脚痛いの?」って訊かれたから、「痛いから医者かかっとる」て言うた。

それから、前にも言うたように、医者が「戦時中の火傷の痕が皮膚ガンになる」と言うて、脚を切断することになったんや。脚を切ったその日に「トイレ行く」言うて、息子を呼んで、「ちょっと乗せい」って、車椅子にね。けれども動いたら出血するいうて、それで「ダメや」と言われたけど、わしは自分で車椅子に乗ってトイレまで行った。息子が「痛いやろ?」って訊くから「痛ない!」って言うてやった。あとで「痛いの『い』の字も聞かへんかったわ」ってビックリしてたわ。「手ちょっと切っても痛いのにな」とか言われたけど、仮に痛くても「痛うない」というように気を引き締めとれば痛うなどない。

手術のあとは、「切断した脚を持ってこい!」と息子に言うた。どんなもんか見ときたいからな。でも「そんなん先生に怒られるからできん」って言うから、「どっかに漬けとるはずや。それ一回見たいから持ってこい」言うて、頼ませたら、「そんなのないって医者が怒ってる」って言われた。そのときは一カ月もしないうちに体力は戻っとった。

消息と噂、負けん気は強く

この歳になっても、わしが現役やったらと考えることはある。元気ではおりたいな。

わしはいっぱしの極道もんや、という思いは死ぬまで抜けんな。かつての若い衆で、上に行った者もいっぱいおるしの。

本や記事で、わしが「（山口組を）やめさせられた」とか書かれる。それをわしの息子が「ほんま？」て聞く。家族や言うても、詳しい事情はわからんから。それで腹立って電話してワーッとなってまう。わしは誰にでもアタマから言うからね、それがちょっと、とまわりから言われるな。

そういえば、本でもたいがい、わしについてはいい加減なことしか書かれとらん。中にはきちんと書いてあったものもあるが。わしが田岡の親分にかわいがられたとかな。そういうのはええで。でもそんぐらいや。あとはウソばっかしや。実際、考えられへんわ、本とかでわしが「助けてくれ」とか言ってるのが。わしは引かない性格や。向こうが三十人、四十人でも関係ない。もうガーッと向かってしまうほうや。引退後の話やけど、こういうこともあった。

五代目の渡辺（芳則・山口組組長）とたまたま高速の降り口で鉢合わせみたいになって、向こうも窓開けて、こっちも窓開けて、無言のままにらみ合いということになった。それを見て、娘が心配するわけや。

「お父さんは前は貫目としては上やったけども、やめてるから、『何やってんのや』って言われたらどないすんの。向こうの若い人たちは、渡辺さんがトップなんやから、怒るで」とか言うねん。「そんなもん、わしによう言うかい。渡辺についとる人間が何を言うねん。言うてくるなら、言うてきたらええねん、何も言えへんやろ」って言うしかないで。そやから、付いてる者からはわしにはヒヤヒヤするって言われる。

でもな、渡辺ともずっと喧嘩だけしとったわけやない。昔から知っとったんや。娘の結婚式には田岡の姐さんなんかと一緒に、渡辺も来てくれたんやで。当時は二代目山健で、まだヒラの直系や。わしは昔からよう知っとった。三宮をよう一人で歩いとってな、「どこか飲み連れてったろ」てな。あれ歌がうまいから、よう連れていったわ。地蔵盆も、渡辺は竹中とか山広とかと一緒に来てたな。

山健組自体が前は小さい組やったからな。もともとは人数も一〇〇人もいたかな、というくらいや。山健組が大きくなったのは、稲川会の石井会長と縁組したのがきっかけやろが、渡辺はとにかく一生懸命に組織を大きくしていったやろ。組を大きくする、ということでは、渡辺なりに思うところがあったんやろ。山健は「日本一の子分」という心づもりの人間で、自分の組を大きくすることにはそんなに興味がなかった。一方で渡辺のほうは、極道は数こそ力や、思うて、山健組を大きくしてった。これはどっちがええとか、悪いとかやないで。山健と渡辺との、極道としての心づもりの違いや。

引退後の交際

極道を引退、というても男をやめたわけやないというか、まあ渡辺のほかにもワーッとやってもうたことは引退後も結構あるよ。気性は今更自分で変えられへんから、引退してカタギやからちょっとおとなしくしとかんと、とか、そういうのはなかった。東京でも何回もヒヤヒヤしたと、付いとる者たちが言うとった。現役のままの感覚で他の組の親分なども呼び捨てにしてしまうから、それはあかんって言われても、「何があかんねん！　なんでこっちが下から出なあかんねん！」みたいなことを言うてまう。

住吉会の最高顧問やった浜本政吉（浜本兄弟会会長）と銀座で飲むことになってな。住吉会の西口総裁の兄貴分やから上や。そしたら、わしに付いとる者が「親分、浜本さんが来ました」と言うから「呼べ」って言うて。でもよう呼ばんから、わしが「浜本、おまえこっち来い！」って言うたら、とっさに向こうに行ってもうた。付いてる者は「自分らからしたら帝王みたいな人だから、大丈夫かと思った」って言う。もうこっちはやめてるわけやから、付いとる者は「ヒヤヒヤもんや、何回死んだ思うたか」と言うとった。横におる者がヒヤヒヤしよる。向こうもいきなり呼び捨てで言われれば腹立つやろうけどな、そのへんをぜんぜん、わしは考えないところがある。

（五代目山口組の若中になった）佐々木（康裕・菱心会会長）というのがおったやろ。その佐々木がな、全日空ホテルの喫茶室でお茶飲んでた。わしはもともと佐々木と仲が良かったんや。全日空ホテルで見かけたんで「おーい、佐々木！」って、佐々木のこと大声で呼んどったんや。

わしがこっちから大きな声で呼んどったらな、しまいに佐々木の若い衆が怒ってしもうた。バーッて来て、わしに付いとる者に「あんたら誰に佐々木っていうてまんのや」と言う。えらい剣幕やった。なんかおかしい、思うたが、見ると名前を大声で呼ばれた佐々木も困っとる。「加茂田さんな。なんぼ元先輩でも、あんまりいい調子で呼び捨てされたら、そら若いのも辛抱できないですよ」ということや。

付いとる者もわしに言うた。「何してるの、親分。現役やないんやから、そうそう気軽に呼びつけたらいかんやろ。向こうも困ってますがな」と。まぁ、これはわしが悪い。しゃあない。佐々木の組の者にも、付いとる者がとりなしてくれて話した。「人間っちゅうものは、昔の気性のわかったもん同士の感覚で話してまうんや。今回はわしに免じて、なかったことにしたってくれ。二回はないようにするから」と。そう言ったら、「わしらもですね、ほんまはこんなん言いたないんです」て言うとったらしいな。

佐々木も、「できれば仲良うしたいんや。辛抱したってや。自分もな、誰もおらなければ静かにしとるけど、知ってる者がいると辛抱できんのや」言うとった。

わしが引退してから竹中の弟の武から電話がかかってきたこともある。「岡山の竹中です。親分おりますか？」ってね。ちゃんと親分って言うとったかな、おじさんかな？それで「久しぶりやな」ってしゃべったりもあった。

第六章　芸能界との繋がり

【芸能人とヤクザの共振】

芸能人とヤクザ（暴力団）は、なぜか不思議な力で惹き合う。おそらくそこに華やかさと見栄、そしてカネと権力（暴力）があるからだ。ましてや、戦後文化の一翼をになった東映のヤクザ映画などは言うまでもなく、映画産業はヤクザと不可分な関係にあった。両者はギラギラとした昭和文化の中で共振し、やがて渾然一体となった。

神戸芸能社を持つ山口組の直系、加茂田重政には芸能界との密接な関係があった。菅原文太らヤクザ映画の主役たちが加茂田重政の所作を学び、その野太い生きざまを参考にした。

芸能界と加茂田重政

芸能人とはよう付き合うたよ。わしが最初やないかな、三宮で芸能人を連れて歩いたんは。山口組は田岡の親分が神戸芸能社を持ってたからね。芸能人とは仕事上の付き合いということになるかな。

しかしわしは歌手や俳優とは、後援者というか、ともあれ仲良くしとった。そのへんは、言えることと言えんことがあるがな。わしのほうから言うたら、迷惑がかかるのもおるやろ。ヤクザと関係あったらダメということになっとるな、今は。昔はおおらかやった。

とにかく、芸能人はぎょうさん来とった。盆踊りには河内音頭の家元が来た。あと松平健、火野正平もすごい仲良かった。まだデビュー前の赤井英和が家に来てたり。よく小遣い渡したとか、そんなんもあるし。細川たかしも関係があったな。菅原文太は地蔵盆とか松太郎の法要なんかも来てくれとる。

明石家さんまが息子の結婚式の司会をして、そのときは吉本の芸人とか来てたな。お盆にはその時代の流行りの芸人、紳助・竜助とかいくよ・くるよとかやな。山口組が吉本と深かったからね。

息子の家には勝新太郎の写真がいっぱいあるはずや。わしの嫁と歌舞伎座とか行ってたからね。兄貴の若山富三郎のもあるはずやけど。あとは東映の俊藤浩滋、プロデューサーの仕事が多かった。俊藤は娘の結婚式にも来てた。俊藤は東映から独立するかなんかで、オスカープロダクション（オスカープロモーションとは別会社）という事務所を作ったことがあったが、そのプロダクションの社長もかわいがっとった。東映の京都撮影所は自由に出入りできた。

加茂田重政と松平健。昭和五十八（一九八三）年五月九日の日付がある。

細川たかしと加茂田重政。くつろいだ雰囲気だ。

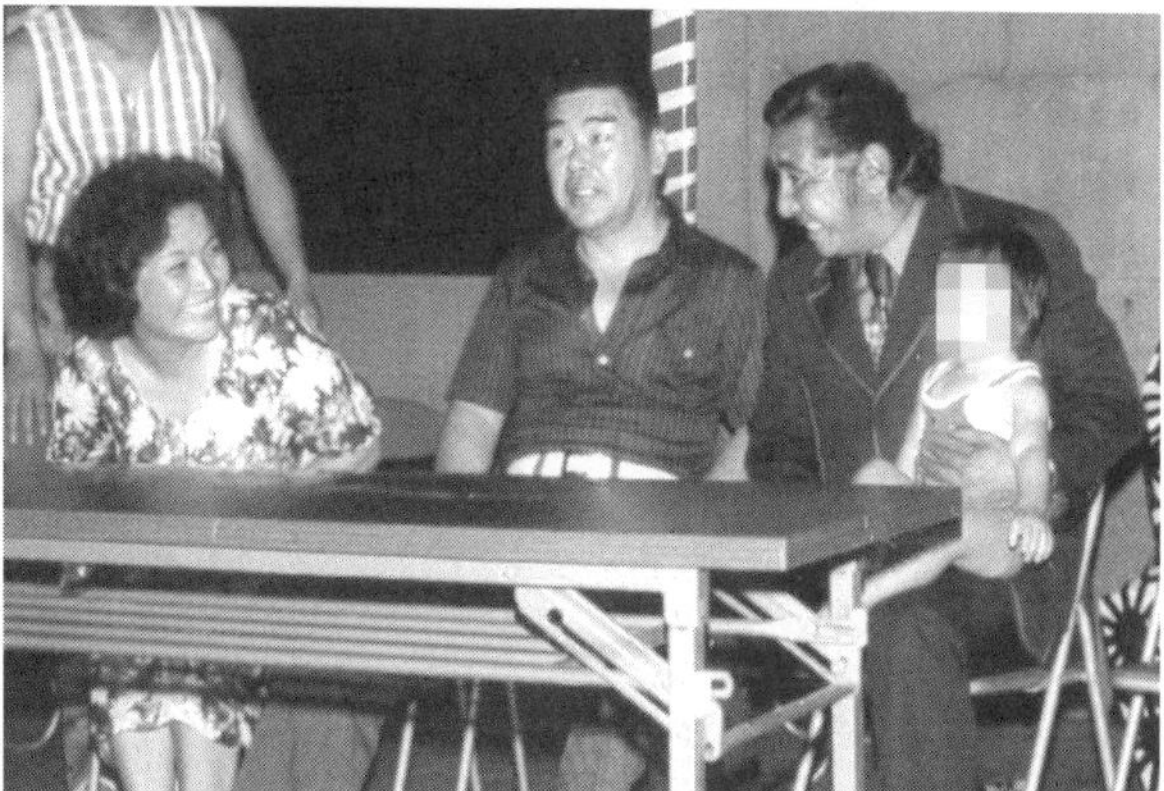

若山富三郎とも談笑する。

高倉健とも田岡の親分のパーティーで知り合うた。『山口組三代目』（山下耕作監督・一九七三年東映）の主演やったからね、あの人は。

あとは息子を誰やったか俳優に会わせたんかな、国際会館の楽屋行って。そしたら息子は「加茂田さんにソックリやな、怖いな」とか言われて、息子は恐縮しとった。田岡の親分と美空ひばりが繋がったときに料亭で飯を食ったんやが、そんときに初めて会うたんやったかな。

そのとき、わしは思いっきり飯を食うてた。田岡の親分がおるのにな。田岡の親分がわしの食いっぷりを見て、「マサよ、そんならわしのも食うか」って言うて、それをもろうてまた飯を食い出したわけや。向こうは「この人なんやろうと思った、この人が親分みたいや」と思うたと言うとった。で、娘の従兄弟の結婚式にも来てくれたんや。向こうは「絶対に歌わないから」って初めに言ってたんやけど、わしが「一曲歌ってくれや、頼むわ」言うてな。息子に言わせれば、「そんな言い方ちゃうわ」と言うてたけど。わしが本人の前に出て行って「おまえ、歌え！」って言うてたらしい。

扇ひろ子は、わしが九州で博打して捕まったときに一緒やったと報道された。面倒を見てたとか、できてたとか言われとるが、その話は昔の話やし、もうええやろ。

あとは、相撲や。北見の花田章は、相撲の花田家と縁があってな。初代の若乃花と花田章が近かった。だからそんな縁で大阪場所のときは、歌のうまい増位山とかも遊びに

加茂田松太郎三回忌法要、田岡一雄・三代目山口組組長を中心に、加茂田重政、菅原文太ら。

来て、ラウンジとかで一緒にメシ食うたりした。

大相撲というのは、まわりにヤクザの関係者がおっても、当時は協会も黙認しとった。そういえば、息子の貴ノ花に羽織の紐を贈ったこともある。向こうが「加茂田さんのパワーを自分のものにしたい」ということで望んだんや。

二千万円の地蔵盆

祭は好きやった。わしらのときの地蔵盆は、規模が違う。河内音頭で始まってな、盛大やったで。芸能人もいっぱい来てた。梅宮辰夫も来とったし、大信田礼子とかも。そん頃の写真はいっぱいあるよ。加茂田組の浴衣と法被で揃えて。いまでも番町の人がみんな言うとるわな。「あんな地蔵盆、最近はもうないな」って。あれは印象的だったからね、やっぱり。ジュースはタダやし、ビールも全部無料で出すから。芸能人へのカネは別にして、祭の全体で二千万や。わしのほうで「これで頑張ってやり繰りせいよ」みたいな感じで二千万を渡して。それで舞台を作ったり、飲みものとかタオルもみんなに配るんや。そういうのを全部、嫁が手配してくれて、「二千万でなんとかできるかな」ぐらいの感じや。それを二日間やるんやね、八月の二十三日と二十四日と。二十四日は二十五日の朝まで踊り続ける。

そやから飲みものもすごい量やし、直系の者たちも来るから食事も嫁が寿司屋とかあそこの料亭のなに、とか注文してやね。二千万でもちょっと残るぐらいやったろうな。で、芸能人に渡す祝儀は、わしが別に渡すわけや。

銭湯に菅原文太

芸能人は、しょっちゅう来とった。家に来とったのは菅原文太とか梅宮辰夫、あと藤山寛美やな。鶴田浩二も来てた。待田京介も。菅原文太とか鶴田浩二は泊まっとったかな。菅原文太なんか「ちょっと風呂行ってきます」て。風呂屋のおっさんも「菅原文太みたいなのが風呂代持って入ってきたと思って、ひょっと顔を見たら本物の菅原文太で、わしびっくりしたわ」って。来とるのは知っとってんけど、風呂入るとは思えへんやろ。客もざわついて、「角刈りで男前やったなあ」て。

加茂田の本家は、隣が銭湯やったんや。部屋住みが六人おったから、風呂屋に三人行ったらまた三人行く、というかたちや。そやから、毎日「風呂いただかしていただきます」と挨拶して風呂に行く。帰ってきたら、「風呂いただきました」と。銭湯やと、大阪なんかはよく桶に自分の組の名前を書いたのが置いてあるんやわ。その当時はその銭湯もそんな感じやった。加茂田組と書いてあったかどうかは憶えてないけど、自分の桶を銭湯の入り口に置いてある。わしもたまに行っとった。

カラオケを歌う加茂田重政。

当時はね、任侠ものの映画を作るとしたら、その筋に話を通さないとできない時代やった。仲良うないと、映画が作れない。深作欣二なんかも仲良かった。

そういえば、わしの歌があったな、「あばれ政」いうのや。ひと前では唄うたことないけどな。「任侠一和会」なんてA面、B面とかあってな。わしはカラオケではマイクを握ったら離さん、とか言われとったが、まあカラオケは好きやった。

加茂田組の地蔵盆は有名芸能人や山口組幹部も多数訪れ、非常な盛り上がりを見せていた。昭和五十八（一九八三）年の地蔵盆

談笑する田岡文子・三代目山口組組長夫人と梅宮辰夫。

談笑、左から渡辺芳則（五代目山口組組長）、錦野旦、加茂田重政。

歌う梅宮辰夫。

火野正平も出演した。

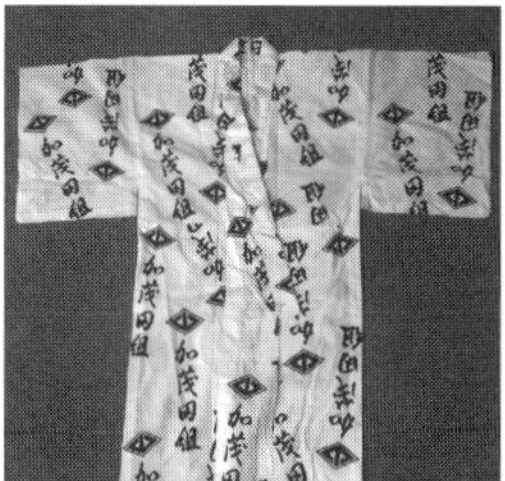

地蔵盆の場などで着用された、
加茂田組の浴衣。

菅原文太を囲んで。左から飯田時雄、菅原文太、前田登、木村弘（加茂田組舎弟頭、木村興業組長）、加茂田重政。

鶴田浩二も、よく加茂田重政の自宅を訪れていた。

十八番は北島三郎やった。でもなんでも歌うたもんや。村田英雄とかな。やっぱり演歌が好きや。歌謡曲だと五木ひろしとか、あと吉幾三あたりかな。

加茂田重政独特の家族サービス

子どもたちの願いで、芸能人に繋いだのもけっこうあったな。わしなりの家族サービスや。歌手と会う、というのは電話一本やった。だから子どもたちは写真はいっぱい持っとった。息子が中森明菜のファンでな、「会いたい」と言う。神戸国際会館で中森明菜のコンサートがあるから、「行ってこい」と言うた。楽屋に入って行って、花束を渡すんや。中森明菜が歌い終わって話している最中に、花束を楽屋の通路で渡しに行かせて、手紙を何回かもろうたというのはあるわな。手紙、中森明菜本人は書いてないやろとか息子は言うけどどな。

　中山美穂も、「中山美穂が四国に来るから、四国まで行くんやったら会えるぞ」と言うたった。でも、その当時は明石大橋がなかった。船で行かせて、そっからまた橋でっていう行き方やったから、さすがに面倒で行かんかったみたいやが。

　マイク・タイソンの試合も息子に見に行かせた。東京ドームでやったタイソンの試合。あれを「見に行きたい」と前の日に言うもんやから、「明日東京行ってこい」と言うて見せたったのを憶えとるわ。興行には東京の人間が絡んでるから、わしの話が通りやすかったんや。

　娘は、新御三家やったっけ？　郷ひろみに電話して会わせてやったよ。明石でな。自分の父親の力にびっくりしとったけどな。マネージャーか誰かに電話して、代わらせて、いろいろと言うて。

第七章

加茂田という「家族」、そして侠

[加茂田重政・その真の姿]

昭和ヤクザ群像。その中で、豪快で鮮烈な印象を与えている極道のうちの一人に加茂田重政を挙げることはできるだろう。その印象は事実として正しいものなのか。実際はどうなのだろうか。天性の明るさが生んだ親分としての魅力、おおらかさ、優しさも、あますところなく解剖してみたい。

嫁には苦労をかけた

わしは実際のところ、女遊びはけっこうしたほうやろ。でも一方で嫁を大事にしたとも思うで。家におるときは「ヨウコ、ヨウコ」と言ってたもんな。かかあ天下というか、嫁には服従みたいな感じじゃ。嫁とは最後は別れてしもうたが、その後も行き来はしとったよ。嫁は米田の身内なんやけど、わしがわさび会におった頃に知りおうて仲良うなった。そのころは「ヨウちゃん」なんて呼んどった。で、そのまま嫁にもろうたわけや。

わしは嫁には苦労をかけた。わしが十一年刑務所に入ったときは、手元にカネがなくて、嫁には「現金七千円だけ置いていってなあ」とずっとあとまで言われとった。

嫁は自分と子どもらの生活費は自分で稼ぐ、ということで嫁の親戚筋のゴム工場へ働きに出とったんや。わしがいない間の加茂田家をしっかり守るということでな。組からのカネには手をつけんで貯金しとった。

他の若い衆の嫁に対しても、「夫がいないときには、家族以外の男は家の敷居をまたがせたらあかん」ともしつけとった。組のカネが家に入るというときにはカネを窓から投げ込ませとった。

加茂田洋子夫人

これは刑務所に入るときの話やけどな、わし、その頃女がおって、いよいよ赤落ちというときには「出てくるまでずっと待っとるわ」と殊勝なことを言うわけや。わしも嫁よりも女のほうがかわいいもんやから、女とばかり別れを惜しむわけや。でも嫁も負けてはおられんと思うたんやろ、嫁と女はどっちが最後までわしを待ち続けられるか、張り合うたんや。

懲役に行く前、最後に撮った加茂田家の家族写真。

結果？　そりゃ嫁の圧勝や。女は二月もすれば面会にも来なくなったが、嫁はわしの出所まで加茂田の家を守り続けた。自分の嫁をほめるのも妙なもんやが、十一年待ち続けた根性は大したもんや。

浅草仲見世を歩く加茂田重政夫妻ら。

神戸におるときは、家には絶対ちゃんと帰っとった。それでも、みんなで（山口組の）本家に飯食いに行ったときに「マサみたいに女泣かしたらあかんぞ」って田岡の親分に言われたわ。そりゃわし、女が好きなのは好きやけど、男はみんなそうなんちゃうんか。女遊びは、できるかできんかだけのことやろ。

そっちのほうでは、若い衆に、飲み屋の女を「あれホテルに百円で入れとけ」とか、顔見て「おい、あれ！　ホテル入れとけ」とかそんなんやってた。それはすごい数やったと思うけど、それはしゃあない。「女なんかいらん」なんて言えんやろ。その当時はわしに対して、女の方から寄ってきたもんな。向こうも、

「この人にはカネも力もある」と思うてたやろし。嫁は「いまこの人と別れても（夫の重政には）次おるからな、相手できひんわ」て我慢した、言うとったわ。

籠に一万円入れて鷲摑み——無類の博打好き

遊びでは、わしは賭け事がすごく好きで、それでまわりにはさんざん迷惑をかけた。これはわしの親父の松太郎と一緒や。親父も賭け事が好きで、カネに関して母親には苦労させてた。わしみたいに賭け事する親分ってのは、結構上がり下がりが激しいし、嫁に苦労かけたんも親父と一緒やな。家は何回も嫁が埋め合わせてる。家一軒賭けて、平気で博打してまうから。

加茂田組があった頃、博打で九州の石井（組）とこ行ったとき、五千万ずつ持ってこさせて一時間でなくしてもうた。家で博打しても、籠に一万円札入れて、鷲摑みで賭ける。家族が見とって、「この人ら、みんなどっからこのおカネ持ってくるんやろ」って思うとったらしい。

しかしわしは博打は正直それほど強くはない。顔に出るから、全部読まれてまうのや。なんでも大きく賭けるのが好きでな、倍々みたいなのが好きや。自分が負けたら取られてもええから、倍にしようっていう考え方や。

でも、こういうのは世間からするとむちゃくちゃしよる、というみたいや。競馬なんかでも、馬を決めて「これ二十万買うてこい」とか、一点張りで百万馬券とか買うんや。「そんなん、普通は絶対に買わへんやろ」とよう言われる。でも、当たったら凄いで。百円が二十万になるわけやろ。それを二十万とか買うから四百億円とかになるやろ。当たらんとも限らんやろ、わしには持っとる運があるはずやから。

旅行。運転手、部屋住みの若い衆とともに。

毎日の定番コース

抗争のときに身内の命を取られたら、たまったもんやないで。だから娘の帰宅時間とかはうるさく言うた。わしの一日は、だいたい家に帰るのが、いつも十一時ぐらい。お決まりのコースをまわる。朝十時ぐらいに出て行って、企業舎弟とかそこの事務所に顔を出し、夕方六時になったら神戸サウナに行ってマッサージして、七時か八時ぐらいには東門歩いて、十一時ぐらいに帰宅という流れや。

抗争になると、飲み屋にも入られへん。「薔薇と薔薇」という店に行っとったが、そこも七時から八時までしかいられない。迷惑やから、開店前の一時間だけそこに行っとった。そういうときは運転手だけや。運転手はヤクザやなくて堅気や。だから運転手だけ連れて、ほかの若い衆は「一緒について行きます」と言われても、絶対にそんなのは嫌やからと断った。わしがどこにいるかも告げんで、わからんようにして。そのときはどうしても連絡が必要ならポケットベルで連絡取るようにして。わしは単独行動が好きなところもある。

わしは外行ってもあんまり飲まない。若い頃から酒はそれほど飲めへんかった。飲んでも薄い水割りを一杯ぐらいや。ビールも最初の「乾杯！」でお終いや。家で晩酌とかもしたことない。家ではたいがい黙ってテレビ観とる。家で食事するときも、茶粥とちりめんじゃこ、あと漬物があれば、それでいいんや、という人間や。

マイホーム主義的な一面

テレビに出とった加茂田重政、あれはあれで虚像とかじゃなくて、あのままなんやろ。わしはようわからんが、子どもらもそう言うしの。そうなんやろ、やっぱり。わしはむちゃくちゃ気が短いしな。

でも、堅気の者、息子の連れなんかにはめちゃくちゃ優しいて言われてたみたいや。他の極道からしたら、「性格がキッいキッい」って言われるけど、それは稼業のことでね。わしはね、若い衆には厳しくなかった。ぜんぜん厳しくないと思うわ。若い衆たちは、わしには厳しいこと言われてないはずや。そのかわり、若頭の飯田が来たときはすごい厳しく部屋住みの子に言うたりしてたけど、わしはそれ見てても知らんふりやし。無頓着と言ったらおかしいけど、若頭が言うとるのに、わしがさらに言うたら、若い衆は逃げ道がないやろ。そうやね、自分で考えろと、関係ないみたいな感じで放任にする。おのれの器量で伸びろ、という考えや。

後年の実父、松太郎。加茂田重政は実父より、博打好きと子煩悩さを受け継いだという。

たぶん今でも、ヤクザの事務所に行くと「メシ食ったか」というのがありふれた挨拶やろ。部屋住みがおるところでは、必ず白米が炊いてある。わしは部屋住みとは一緒にメシを食うとった。部屋住みをおちょくりながらね。わしが自転車にパーッと乗って、部屋住みの者が駆け足でついてくるやろ。したら「後ろ乗れ」って言うて、二人乗りしたりとかな。わしが「肩揉んだろ」言うて肩を揉んでやると、前より肩がこってもうた、とか。部屋住みの者からしたら、親分に手間を取らせとると、恐縮しとるわけや。

人間は冗談言うほうが好きでな。はわしは苦手やと思う。向こうがしゃべって笑かしてくれるのが好きなんや。

ゴルフなんかもしとったよ。うちでやってた加茂田実業がコンペをやってて。ゴルフ場を貸し切りにして、賞品の一位は車とかや。けど、わしは常にフェアウェイに乗る。若い衆が球をフェアウェイに動かすんや。どこ行ってもフェアウェイに乗るようになっとる。どこに行っても次に乗っとんねん。だから、常にバーディーかパーやねん。そのうちわしは「主催者やから、そこで見とってください」て言われてた。

野球は草野球のチームやっとった。けど、あんまり入れこまない。釣りも、生け簀みたいなところで、入れ食いみたいのをなんぼでも釣ってた。ま、いろいろやっとったけども、結局のところ楽しめる趣味いうたら、神戸サウナに行くくらいやった。ただ、カーンとなれるんが好きやった。それで飲みに行って、というのも多かった。ポン家は空けてなかった。女のところに泊まるとかは一回もなかった。けっこうマイホーム主義やった。

これは博打好きのほかに松太郎から引き継いだ性格かもしれんが、博打のほかに子煩悩か、子どもの面倒見が良いところがあると我ながら思うわ。前にも言うたけど、松太郎は孫にはものすごく優しくて、仏様みたいな感じやった。喧嘩のさなかも、子どものことが気になるねんな。

地元、ということならばやっぱりわしは番町が居心地ええわ。豪華な家もいらん。一度わしも「カネあるんやし、子どもの教育のことでも考えて、引っ越したらどうや」とまわりが言うから、灘区のほうまで大きな家を見に行ったけど、高級住宅地に住むというんはわしの柄やないし、すぐ止めて引き上げたわ。家やって、大邸宅で部屋がなんぼあるいうても、実際に使う部屋は結局限られるから。

豪快かつ繊細な性格

カネはあれば遣うとった。細かい計算なんかしない。息子が言うには、「クリスマスに靴下に十万円入ってたの俺ぐらいやろ」と。羽振りが良かったんやな。帰ったらポケットに入ってる銀貨を全部出して、息子に渡して。その代わり、お札とかそんなんじゃなしに、銀貨を全部置いて。それが日課や。でもそれも一カ月にしたら大きい。細かい計算はわからんが。カネの細かい計算はようせんのや。カネがあったら、遣う。あとは子どもにやる。大雑把やけど、これでええやんか、て思う。

わしは、缶コーヒーを結構飲む。缶コーヒーをワンケースで買うて、冷蔵庫に入れておいて、昼くらいに缶コーヒーを飲むのが日課やった。それを繰り返してくと、当たり前やけどなくなる。誰か来たら来たで、「めんどくさいからそれ飲めよー！」て言うて飲ますし。それで、コーヒーがないから「缶コーヒー買うてきてくれるかー」と、これは若い衆とかには言わんで、息子に言う。わしは心配性なんか、なくなったら補充、補充てしとうなって、息子も「わかったー」て。

朝は喫茶店に千円渡してコーヒーとかとっとるんやけど、で、当然喫茶店からは釣りをもらう。で、「釣りの銀貨が貯まっとるから、それで買うてきてくれ」と。「銀貨が貯まってるし、銀行持ってくのもめんどくさいから」て。で、「ええでー」言わせて行かせたら、それが銀貨でのうて全部十円玉だったたというんやな。

ややこしい話やけど、自動販売機にカネを十円玉で入れていったら、一定の時間のうちに入れないとダメらしい。だからがんばって繰り返しても十本くらいしか買えないと。「なんや、そんだけか?」となる。十本も買えなかったんやないか。だから五本だとか六本買うて、他の自動販売機に行って買う。近所の仲間うちだから、向こうも知ってるからね。「若、何しとんのー?」って言われて「コーヒー買いにきよる」て応える。十円玉で買うわけやから、大変やったというけど。

でもまあ、わし豪快で大雑把なことばっかり言うとるみたいやけど、一方で細かいとこもあるで。時間はきっちりしないと嫌やしの。時間にはむちゃくちゃうるさい。人の名前は憶えないいんやけどね。あとは物の位置やね、タバコはここ、灰皿はここ、というような。几帳面なんや。薬もきちっと並べとかんといかん。十円玉とか百円玉とかもここ、テレビでもリモコンはここって。自分で言うのもなんやが、ほんまはものすごく几帳面でな、繊細な面も持っとる。だからどっちがほんまか、自分でもようわからん。豪快な加茂田重政がほんまなんか、でも繊細な面もあるのかと。

ディズニーランドでは並ばない

家族で外食とかは、けっこうあったで。でも食うたらすぐわしは席を離れて行ってまうんや。そんなん待てんやないか、なあ。まあ、他の誰と行ってもらしいんやけど、癖があんねんな。嫁にこんこんと言われても絶対に待てないのや。昔から、たとえば若い衆と二人でメシ食いに入っても、自分が食べたら出てまう。若い衆がまだ食べてても。そういうところはせっかちなんやろ。

そういえば、娘の修学旅行までついて行ったこともある。たしか、娘が六年生のときの三重への修学旅行やった。娘は兵庫駅から電車に乗るんやけど、運転手と三人で兵庫

ディズニーランドでの加茂田重政ら一行。

駅の前で待ってて、電車が出るときに「こっちも出るからな」みたいな感じで合図する。

　で、先にわしらが車で着いて、娘たちが（三重県伊勢市の）夫婦岩をずっと見学してるのに、こっちのほうから「おーい！　おーい！」って呼んでね。そのとき雨が降りはじめたんや。すぐカッパを全員ぶん、若い衆に用意させて、みんなに被せるように言うて持って行った。

　先生は「こういうことされると困ります」って言うとったけど、「濡れたらどないすんねん！」って言うて。「（娘だけ）ひとりに用意してるのと違う、みんなに被せって親分が言うてます」みたいなことも言わせてな。「友達みんな聞いてるから恥ずかしい」て娘は言うとったけど。でもな、娘も他の子も、風邪を引いたらあかんやろ。

それから夫婦岩のところからすぐのホテルの一番上にある、天皇陛下が泊まった部屋におって、先生に言うて、夫婦岩に行ったら上向いて手を振らせ、みたいなことをね。それで先生も「お父さんがあんなに言うてるから、あそこまで行ったらかめへんから手振ったらええから」ということになって、手を振らせた。娘はそれが恥ずかしかったのか、ずっと憶えとる。

息子などは、ディズニーランドとかに行ったときに、遊ぶのは全てフリーパスで遊ばせてやったりもした。そのときは他の家の子と違うなと思うたんやないか。乗り物でみんなが並んでるのを横目に、スッと入れてやるわけやから。

お付きの者も警護の若い衆も、全員がディズニーランドに入るわけやけど、わしを取り巻いて入って、サッと園内に散らせる。バーッと散って、その間に乗り物の行列に並んで順番を押さえるわけや。無理に割り込むとかは当然ないで、さすがにな。無理やり割り込むというのは、絶対にさせん。そして、あらかじめ若い衆が順番をおさえたところに、わしらの家族が入るというわけや。そやから、フリーパスみたいなもんや。

孫もわしなりにかわいがったよ。孫が生まれたから、そんなら、言うて毎日一万円孫にやっとった。娘は「そんなんせんで！」と怒っとったが。

大物極道の子息、その損得

あとは、子どもなんかはわしの名前で、警察沙汰は何回か助けてもろうたらしい。交通違反とかで捕まっても、免許証を見せたら、顔もよう似てるから「加茂田さんって、あの山口組と一和会の加茂田さん？」て訊かれて「そうです」と応えたら、その警官が「機動隊で、わし張り付いとったんや。加茂田のお宅に」って言うたらしい。それで「えええええわ、もういいわ」ってうやむやになって。「行け行け」と。何回か、そういうのがあったという。

けど大変なこともある。息子なんか名前ですぐにわかりよるから、普通に仕事（就職）ができないんやな。なにかしようとして、どっか面接に行っても、その時点で落とされる。信用調査されたら一発やし。

ただ、なにか揉めたりとかは、電話一本で済ませられるから。「あそこには触るな、あの人には触るな」て言うておしまいやから。その面ではラクやったんやないか。

だから、親父の名前で得する部分と、一般社会では損する、というか通用しない、怖がられる、そういう部分が両方あるわけや。学校とかでは喧嘩とかになることがなかったはずや。息子が学生だった当時の年代で言えば、荒れてた時代やろ。校内暴力とか。

それでも周りからは、一目置かれる。なにもしなくても。

　中学に入って、三年生とか悪いのがおっても、息子が誰の子かは皆知っとるに決まっとる。「加茂田組長の息子がおる」というのは有名やったみたいや。息子は別に普通の生徒やったけど。ただまあ、そら怖いやろ。若い衆が二人も付いとるから。後に付いとるわけやから。キャラバン、今でいうアルファードみたいな車で、朝は送ってもらって帰りはまた家まで送られる、というのが息子の日常やった。名札も付けない。嫁が先生に「なにかあったときに、そっちに迷惑がかかるから」って言うたらしい。実際、拉致される危険も山一抗争の頃にはあったし。しかし、考えてみればいろいろと、大変と言えば大変や。子どもとしては、他の子どもが経験してへんことを経験してるはずや。

　あとは、おもちゃを買うとかでも、カネを持っていかへん。全部ツケなんや。おもちゃ屋とか、駄菓子屋とかも。そやから、駄菓子屋とかで二十円で一回のくじ、あんなのはしたことがないと言うてた。そのままケースで買うんやから。それを母親があとで支払う、というわけや。だから、そういうところではええ目しとんとちゃうやろか？

　息子が四年生か三年生のときの、テレビでやるゲーム（ファミリーコンピュータ）出たときなんか、当時少年野球をしてたんやけど、その少年野球がたまたま小さいリーグで優勝しよった。

　それでわしが飯を食いに、みんなを連れて行った。ポートピアホテルにステーキハウスがあるんやけど、そこに連れて行って食事をした。そのホテルにゲーム売り場があって。そこでゲーム（ファミリーコンピュータの本体とカセット）を全員に買うてやった。今でも、息子にみんなが言うとるそうや。「あのときはうれしかったわ、おかんに言うても買うてくれへんのに、おっちゃんが買うてくれて」とな。

あとは、わしはよう知らんが、息子が小さいときにはやっとったおもちゃがあるやろ（「キン肉マン消しゴム」のこと）、それの販売機（ガチャガチャ）が家に二台あった。おもちゃ屋に電話すると、景品を補充しに来て、息子は、「（外でガチャガチャやっても）面白くもクソもない。家でなんぼでもできるし」ということになったらしい。そらそうやろな。

そうそう、あとは息子の誕生日かなんかで、あの頃、スーパーカーブーム、やったか、けったいな速そうなクルマがはやっとったやろ。息子がカウンタックのラジコンを欲しがって、「何が欲しいん？」「ラジコン！」て言われた。で、誕生日にな、「カウンタック買うてきてやっとるから」て言うたった。息子は「やった！　どこにあるん？」て言うてるから、「家の前に置いてあるわい」や。

息子が家の前を見たら、本物のカウンタックがあったわけや。「これ、ちゃうねんけどな……」て子ども心に思ったらしいけど、わしは「乗ってこい、乗ってこい！」て言うてやった。

乗ったという記憶もあるらしいけど、「別にうれしくもなんともなかった」と言うてる。たしかに、自分で動かすんやなくて、若い衆の横に乗ってるだけやし。あとは近所の子どもが写真を撮りに来たりとか、「すごいわ」って来たりで、倉庫にしまってもうたから。「写真撮らせて」とか「中見せて」とか。嫁が「撮らしたれ」言うて撮らせて。でもすぐに飽きて、売ってもうた。

加茂田重政が息子に与えたランボルギーニ・カウンタック。

クルマとファッション

現役の頃は、クルマはベンツが好きやった。抗争のときは紺色のベンツ、前が金メッキ。で、ドアもものすごくぶ厚いやつや。防弾やし、それも今の防弾やないんで、ほんまに重いドアや。ロールスロイスとかも乗ってた。ベンツの五六〇SELは当時の極道がみんな乗ってた。ランクルもあった、ゴーッとエンジン音がすごい装甲車みたいなクルマや。

時計はピアジェとか、シンプルなロレックスやなくて金無垢でギラギラしたやつ。バックルに男の指輪みたいな、ダイヤ何カラットていうのをぎょうさん持っとった。けどわしは、そんな品物を誰かにやるのが好きでな。「いい時計ですね」と言われると「そんなら持っていかんかい」ていう感じやね。

ファッションは自分のセンスというか、こだわりがあった。三宮の東門に仕立て屋があって、スーツはそこで作ってたんやけど、一時、ベストの上下を、それの色違いをズラッと揃えてた。ピンク、ブルー、グリーン、てな。わしは原色というか、派手な色目が好きや。上品にせなあかんとか、そういうのは考えない。そのベストの上下を本家の寄り合いに着て行ったら、他の人が「兄弟、ええの着てるなあ！　それどこで買ったん？」と訊いてくる。で、「これはわしが考えたんじゃ」って言うて。「みんながわしのこれを欲しがっとる」って自慢したもんや。

毛皮のコートも好きやった。普通はあんまり着ないやろうけど。わしは帽子まで被ってね。洋服を着飾る、とかそういうのは好きなんや。嫁の服を買いに行くのも、一緒に行って待っとるとか、そういうのしてたからね。

娘の服なんかも結構気になったほうや。三宮の有名商店街とか、わしが「服買いに行こう」って言うと、娘は「いいわ」って言ってもあんまり行きたがらんが、「行こうやないか！」って言うて連れて出かける。若い衆は一人しか連れないで。で、行ったら、娘が服を合わせたりしてるやろ。わしはせっかちで、待つのが嫌やから、「まだか！まだか！」って言うてしまうんや。で、店の人に「これ違うサイズあります？」とか娘が言ってると「早う持ってこい！」って偉そうに言うてしまう。娘からしたら一万なんぼとか、「でも高いな」とか思うんやろうが、「安っすい服買うて、こんなんでええんかい！」みたいに言うてしまうんや。

「包むの簡単でええから早うせい！」とか偉そうに言うてまう。嫁はそういうのわかってるから、絶対に一緒に行くの嫌やって言うて。わしが「行こう」って言っても行かなくなったな。

　家族にとってええ父親やったかどうかは、わしにはわからんわ。でもな、ええんちゃうか？　わしなんかおらんかったことにされんだけでも。極道というのは、生きてきたことが否定されるんが、いちばんつらいわな。そういう意味では、家族に、極道しながらも父親と認めてもろうとったことを、ありがたいと言わんとならん。家族との関係では、そんなところや。

目で見たものしか信じない

関東の若手の親分が東京から来たときに、たまたま息子がキングコングの映画を借りてきててな。で、わし、それを見てたんや。見てたら、向こうも見とるから、みんなで見ないとしゃあないみたいなことになった。

で、キングコングが金髪の美女を手に乗せて崖のところを登るのを見て、わしは「このゴリラ、ごっついやろ」て言うた。キングコングが本物のゴリラやと思うてたからや。でも、息子は笑いたくても笑えないわけや。その前で関東の親分も「そうですね、でかいですね」て言う。わし、キングコングがほんまにおると思うてた。映画もほんまもんのドキュメントやと思うてた。

「こんなごっついの、なんで捕まえへんのやろ？　捕まえて、動物園にでも置いて、な？」て言うてたらしいんや。向こうもこれは作りもんやと言えばええのに、そこは変に冷静なんやな。「捕まえたらええんや、なあ？」て言われて「ええ……？」て困りよる。わしを立てよるんやろな。で、「そんなにでかいから持ってこられないとか、あるんじゃないですか、親分」てなことを言うから、わしも「やっぱり無理なんか」と。あとで訊いたら「作り物やないけ。ダボが！」ということになるわ。

わしも悔しいから、あとで息子から「嘘もんやで、これ」言われても、「見たんか、お前?」て言うとくやろ。「どないや、見たんか?」「見てないけど」て言うから、「ほら見ぃ、おるかもわからへんやろ、森の奥に」と、こう言うわけや。

わしは、この目で見たもんしか信じない。

暴対法、暴排条例が施行されて、ヤクザには生きにくい時代になったと思うわ。この本を出す前に「ヤクザとはなんやろか」と問われたんや。

ヤクザは……難しい。ヤクザはほんまに難しい。

わしは田岡の親分に、「ヤクザとは堅気をいじめない。弱い者いじめをしない」と、学んだが、わしに言えるのはそれだけや。

そして、わしの人生に悔いはなし、や。

あとがきにかえて

それにしてもや。このわしが自伝を出そういうのは、田岡の親分ならともかく、まったく考えもしとらんかった。わしはそりゃ、昔は派手に喧嘩ばかりやっとったし、雑誌やテレビなんかでもインタビューを受けておった。けれども、今になって、まさか自分がなにをやってきて、なにを思うたか、あのときどうしてこうした、なんてもんを出そうとは。前にも、「Vシネマとか作ったらどうや」とか、「本を出してみたら」とも言われたが、そんなものは「いらん」と思うとった。けれども、わしもこの歳や。最後にきちんと記録を残しておかな、という気にもなる。きちんと一度、本にして残すことに決めたんや。

これまでは「敗軍の将、兵を語らず」という言葉もあるし、黙っとったらええねん、形の上では負けたんや、負けへんはずのわしが負けたんやからしゃあない、と言うてきた。けれども、実際、「自伝を出さないか」という話が来たとき、わしはいろいろ考えた。わしに自伝を出して、世間の方々に読んでもらう理由があるか、と。そして、それは正しいことなのか、と。で、わしなりにつらつらと考えてみたら、結局、自伝を出す理由はいくらでも出てきたんや。

まず、田岡の親分から盃をもらって山口組を大きくしていった人間が、もうほんまに少なくなったことがある。山一抗争の最前線で組をやっとった人間も、もうほとんどおらん。その時代の山口組の話をわしなりにまとめておいてはと、というのがある。

あとは、わしが家族に対して、義務というとちょっと大げさやが、やりのこしておかんとならんことがある、ということも考えた。子どもらも「わしの本を作りたい」「加茂田の家の本としてもお父さんの自伝をやりたい」と言うとったし。

梅田の阪急のレストランでわしの誕生日パーティーをやった写真のアルバムがあった。その中の写真に感謝の言葉が書いてあるのがあった。たまたまやが、それを見たんや。そら息子も娘も父親に感謝の言葉なんて、もうそんな歳やないで。でもな、やっぱり父親であるわしはこの歳になっても、そういうのを見ると目頭があつうなってくる。嫁はもう亡うなっとるけど、そういうのを見ると、わしも子どもらに最後の晴れ姿というんか、かっこええところを見せなあかん、とも思うた。「加茂田重政の本」、作ろうと。

で、これがそもそも一番大きな理由かもしれんが、やはりわしという人間が極道としてなにをしたのか、なにを背負うとるのか改めて考えてみた結果、というのがある。わしが背負うとるもの、といえば、三代目山口組と一和会とか、いやそれだけやなくて他にも大きな話、いろいろわしは背負うとる。わしは明友会の抗争で山口組を大阪に進出させるのに力を尽くした。北海道に山口組進出の足がかりを作った。一和会も、結局わしが山広につかな動き出さなかった。結局わしが動いたことで山口組の歴史が動いたとも言えるわけや。

わしは、マスコミの人らみたいな言い方でいえば、戦後のヤクザの世界でずっと「抗争の最前線」におったわけや。わしはそのことの「大きさ」と「重み」、死ぬまで背負うとるし、またそのことを忘れてはならん、と思うとる。それはええも悪いもないよ。結局、自分がやってもうた事実の大きさの話やし、勝ち負けがどう、とかでもない。極道としてやってきたことの中身の重さの話や。

わしは「大きさ」と「重み」を背負った人間ならではの、やっておかんとならん仕事がある、ということを考えた。極道としてやってきたことの「大きさ」と「重み」が、わしに自伝を書かせる、というのは、やっぱり、非常に強くある。

自伝を書く以上は、なるべく正確な歴史を残したい。知らん者に勝手にあれこれ書かれるよりは、ちゃんと自分でしゃべって、記憶があいまいなところは昔の若い衆におぎのうてもろて、昔の子分にもわしの知らんかった話を言うてもろて、ちゃんとしたものにしておきたいとも当然思う。

わしは子どもの頃から番町で喧嘩ばかりして、愚連隊を率いてて、気性が激しいと言われとった。だから自伝の題名は『烈俠』や。

ここまで本書を読んでいただいたみなさんに有難うと言いたい。また田岡の親分と山口組を支えてきた多くの仲間と加茂田組についてきてくれた者に感謝と哀悼の意を表したい。

神戸・生まれ育った番町の風景を見ながら。

加茂田重政

文庫版あとがき

暴力団抗争の代表的な事件として、いまも語り継がれる山一抗争。

当時、山口組と対峙していた一和会で副会長兼理事長・加茂田組組長であった加茂田重政氏が『烈侠　山口組 史上最大の抗争と激動の半生』という自著伝を出したのは2016年夏のことである。

私は、聞き手として加茂田重政氏や周辺の元加茂田組最高幹部と接触した。

この書籍を作るまで、1年以上の歳月がかかっている。

大きな理由は加茂田重政氏が当時入退院を繰り返し、体調が良いときでも急変することがあり取材を中座することが多かったからである。

書籍を作りたいと加茂田重政氏に面会をして直接お願いに行った当時のことを鮮明に覚えている。

私の加茂田重政氏に対する憧れや思い、山一抗争の負けた側の言い分、引退の真相などを自らの口から語ってもらいたいなどと、一生懸命に頭を下げてお願いをした。

熱意が通じたのであろうか加茂田重政氏は快諾し、書籍を作ることが決定したのである。

その後も紆余曲折はあったが、前述したように1年以上の月日が掛かり〝烈俠〟が刊行された。

本書を見ていただくと分かるが、話は幼少期の思い出から始まり、愚連隊時代の話も多い。

当然、本人の記憶も曖昧な部分もあった。

その補足は長年加茂田重政氏を慕う加茂田組元最高幹部数人の話で裏を取った。

また、当時の事件などは国会図書館にも足を運び、事件の裏を取った。取り切れない部分もあったが、最高幹部らの話を元に〝烈俠〟を作った。

ヤクザに時効はない。

事件がめくれたら大変な事態になることも考えられるので、一部は省略などをしたことを了承していただきたい。

その加茂田重政氏も２０２０年9月1日に鬼籍に入られた。

知らせは遺族からではなく、周辺者からの連絡である。

当然、私は遺族に電話をしたが連絡は取れなかった。

その理由は後から聞くことになるが、加茂田重政氏の遺言で「誰にも知らせるな」という言いつけを守ったのである。

加茂田重政氏の容態が急変したのは、死の数時間前である。

それまでは、90才という高齢のメニューで食事の量を減らすと文句を言うなどの相変わらずの様子だったとご遺族は悲しみを押し殺し笑いながら語っていた。

もう時間の問題だと医師に言われ、加茂田重政氏のご家族に連絡が回りごく近い身内が集まった中で息を引き取った。

加茂田重政氏は過去入院中に肺に水が溜まり、一度危篤状態になった経緯がある。

その時は医師の懸命な治療により、奇跡的な回復を果たしたが、本人はそれが不満だったという。


生前に〝延命治療は絶対するな〟と、三男一女の子供に強く言い聞かせていたのがその理由だ。

それはいまとなって分かるが親としての加茂田重政氏の子供への優しさだったのであろう。

世間では元大物ヤクザだったのだが、一歩家庭に入れば良き家庭人であり、子供には甘い父親であった。

しかし、ヤクザとしての経歴やイケイケぶりには定評があった。

山口組三代目である田岡一雄組長に可愛がられ、側近としていつも傍に置かれていた。

また、それだけではなく最盛期には加茂田三千人軍団と呼ばれ、日本全国に加茂田の代紋を見掛けることができた。

その勢いは当時の山口組では1、2を争うほどの組織であった。

当然加茂田重政氏も抗争で長期の懲役刑を務めている。

菱の代紋に誇りを持ち、三代目山口組組長代行補佐という要職にも就いていた加茂田重政氏は己を掛けた山口組の代紋から離れるのはほかの誰よりも悔いはあったと生前に語っていた。

烈侠では語られなかったが、後の一和会会長になる山本広こと山広の電話が五分遅ければ一和会に行かずに山口組に残っていたとも私には語っていた。

それは、筋を重んじるが故の加茂田重政氏の情であり、懐の深さであったのではないだろうか。

加茂田重政氏は竹中正久山口組四代目組長からの盃は貰ってはいない。

だから謀反ではない、と強く語っていたのも印象的である。

また、絶対に話すな、と言われた言葉も多く聞かせていただいた。

この言葉を墓場まで持って行くことになるであろう。

私は訃報を受け、線香を手向けに故人が生前に暮らしていた神戸市長田区番町にある自宅に伺った。

その際に加茂田重政氏の最期の様子をご遺族から伺った。

それは決して苦しんだ最期ではなく、90才というご高齢から来る自然な死に方であり、いわば大往生であった。

死に顔は普段通りで優しく苦しんだ顔ではなかったとご遺族は語った。

生前に死んだ顔は見せるな、骨になってからにしろ、と厳命されていたように、葬儀はごく一部の限られた人間だけで行われた。

しかし、大物ヤクザの前に有名人だったこともあり、多くの人間から〝弔問に行きたい〟という問い合わせが多い、とご遺族はいまも語る。

遺骨は神戸市内の某霊園に埋葬されている。

また、当時大事な話を多く聞かせていただいた加茂田組元最高幹部高田一郎氏も親分である加茂田重政氏のあとを追うようにこの世を去った。

加茂田重政氏宅への弔問の後に、高田一郎氏の自宅を訪ねたが末期がんで苦しそうだったのだが、最後までヤクザの顔を私に見せて強がっていたのは悲しいほど印象的である。

加茂田重政氏、高田一郎氏を始め、話を聞かせていただいた多くの元最高幹部や関係者の方々には感謝の言葉しかない。

謹んでお二人のご冥福を祈るとともに〝烈俠〟の文庫化に寄せての言葉とさせていただきます。

彩図社好評既刊本

売春島
「最後の桃源郷」渡鹿野島ルポ

高木　瑞穂　著

売春島。三重県志摩市東部の的矢湾に浮かぶ、人口わずか200人ほどの離島、渡鹿野島を人はそう呼ぶ。島内のあちこちに置屋が立ち並び、島民全ての生活が売春で成り立っているとされる、現代ニッポンの桃源郷だ。
人身売買ブローカー、置屋経営者、売春婦、行政関係者などの当事者から伝説の真実が明かされる衝撃のルポ！

ISBN978-4-8013-0420-8　文庫判　本体 682 円 + 税

聞き手：花田庚彦
協　力：加茂田家・加茂田組元関係者有志
構成・年表作成：横山茂彦・福田慶太

※本文、一部敬称略いたしました。

烈侠 れっきょう

2022年8月8日　第一刷

著　者　加茂田重政

発行人　山田有司

発行所　〒170-0005
株式会社　彩図社
東京都豊島区南大塚3-24-4
MTビル
TEL：03-5985-8213　FAX：03-5985-8224

印刷所　新灯印刷株式会社
URL　https://www.saiz.co.jp
https://twitter.com/saiz_sha

 ISBN978-4-8013-0614-1　C0136